SONIA EM FOTOBIOGRAFIA

AUGUSTO LINS SOARES (ORG.)

SONIA EM FOTOBIOGRAFIA

edições Sesc

Cepe Editora

SONIA POR JORGE AMADO

POEMA EM PROSA DE JORGE AMADO PUBLICADO ORIGINALMENTE NO ENSAIO *PRETO E CORPO* COM SONIA BRAGA. REVISTA *PLAYBOY*, EDIÇÃO 132, JULHO 1986.

Já estamos acostumados, eu e Zélia, a encontrá-la, a brasileira Sonia Braga, de profissão atriz, nossa filha adotiva, pelas encruzilhadas do mundo. De repente ela surge em Nova York, Milão ou Lisboa, não nas telas do cinema ou TV, mas em carne e osso, o sorriso tímido e enigmático, aquela aura iluminando o rosto. Assim estava em Cannes, quando subiu ao palco de *smoking* e declarou com voz de pássaro: "Meu nome é Sonia Braga, sou brasileira e declaro inaugurado o Festival Internacional do Cinema". Depois, sentou-se ao nosso lado na sala repleta de celebridades do cinema, das artes, da literatura, além das indóceis *starlets*. Correu o olhar em torno, sorriu para Zélia, debruçou a cabeça em seu ombro, e disse: "Ói nós aqui!"

Costuma dizer que é três vezes minha filha, e assim é. Filha de minhas entranhas, de minha cabeça, de minhas mãos e meus ovos, dela estive grávido longos meses e a pari nos partos difíceis de *Gabriela* e *Dona Flor*, sou pai e mãe ao mesmo tempo. Foi Gabriela, feita de cravo e canela, foi Dona Flor, a dos dois maridos e um só amor, e levou-as pelo mundo afora, corpo e face de raça mestiça do Brasil.

Eu nunca a tinha visto a não ser na televisão, quando os maiorais da TV Globo a escolheram para o papel de Gabriela. O anúncio foi feito na casa do Rio Vermelho, para onde se deslocaram jornalistas do sul, diretores da Globo e a própria Sonia. O primeiro a chegar foi um jornalista de São Paulo, e disparou a pergunta envolta na afirmação maliciosa: "Em São Paulo dizem que você impôs Sonia para o papel de Gabriela, por que o fez?". Respondi candidamente: "Porque ela é minha amante". Logo depois, Sonia chegou, fomos apresentados e ficamos amigos desde então.

Toda de branco despida, após o toque da navalha, pronta para ser possuída pelos orixás, eu a vi frágil criatura na camarinha, no Axé do Gantois, quando Mãe Menininha disse-lhe o nome secreto, aquele que não se repete jamais. Noiva dos deuses da floresta, senhora do mar bravio, mãe das águas mansas, também a santa guerreira, aquela que não teme os eguns, a que parte para a batalha na certeza da vitória. Submissa e altiva, Iemanjá e Iansã, a baiana Sonia Braga na saga dos encantados.

Qual o seu segredo, a fazê-la de todos desejada, noiva e amante, corpo deslumbrante à luz das câmaras, a promessa, a sedução, a posse, a sensualidade sem medidas, o dengue ilimitado, a face dramática e o sonho, tudo aquilo que o homem imagina e cobiça? Eu diria que seu segredo, do corpo e da alma, do rosto e do espírito, dessa beleza única, é ser ela, Sonia Braga, filha do povo brasileiro, ou o próprio povo, quem sabe?

SONIA POR LEW PARRELLA

PRIMEIRO ENSAIO DE SONIA BRAGA COMO *SEX SYMBOL*, NO RIO DE JANEIRO, PARA A REVISTA *STATUS*, EDIÇÃO 9, ABRIL 1975.

FOTOS LEW PARRELLA/ACERVO DO CENTRO DE PESQUISA DO MASP.

TREM DAS CORES

Caetano Veloso

A franja da encosta cor de laranja
Capim rosa-chá
O mel desses olhos luz, mel de cor ímpar
O ouro ainda não bem verde da serra
A prata do trem
A lua e a estrela
Anel de turquesa

Os átomos todos dançam, madruga
Reluz neblina
Crianças cor de romã entram no vagão
O oliva da nuvem chumbo ficando pra trás da manhã
E a seda azul do papel que envolve a maçã

As casas tão verde e rosa que vão passando ao nos ver passar
Os dois lados da janela
E aquela num tom de azul quase inexistente, azul que não há
Azul que é pura memória de algum lugar

Teu cabelo preto, explícito objeto
Castanhos lábios
Ou, pra ser exato, lábios cor de açaí
E aqui, trem das cores, sábios projetos:
Tocar na Central
E o céu de um azul celeste celestial

MÚSICA DE CAETANO VELOSO DEDICADA A SONIA BRAGA E INSPIRADA NUMA VIAGEM DE TREM ENTRE RIO DE JANEIRO E SÃO PAULO.

APRESENTAÇÃO AUGUSTO LINS SOARES

Sonia Braga em fatos e fotos. Com filmes, séries, novelas, peças de teatro e programas de TV em sua biografia, Sonia já interpretou inúmeras personagens marcantes e inesquecíveis nas telas do cinema e da televisão: Ana Maria, Gabriela, Dona Flor, Solange, Júlia Matos, Mulher Aranha, Tieta, Clara, Domingas, entre outras. Seu talento artístico conquistou definitivamente o público e a crítica em 1969, com a versão brasileira do musical *Hair*, tornando-se uma artista popular da TV brasileira nos anos 1970, com o programa infantil *Vila Sésamo* e a novela *Gabriela*. Mas foi no cinema que Sonia se consagrou como uma grande estrela internacional. *Dona Flor e seus dois maridos*, *O beijo da Mulher Aranha*, *Rebelião em Milagro*, *Luar sobre Parador*, *Aquarius* e *Bacurau* comprovam seu sucesso global. "Sou uma mulher de cinema, uma atriz que pertence ao audiovisual, minha essência é essa", revelou Sonia em 2016.

Além das artes, ela foi convidada a protagonizar campanhas publicitárias de marcas como American Express, Fiat e Lux Luxo. Sua imagem icônica foi registrada pelas lentes de fotógrafos consagrados: Annie Leibovitz, Antonio Guerreiro, Bob Wolfenson, Daniel Klajmic, Deborah Turbeville, Greg Gorman, Henrique Gendre, Jean Pagliuso, Kurt Markus, Lew Parrella, Marco Glaviano, Marisa Alvarez Lima, Michel Comte, Murillo Meirelles, Paulo Vainer, Robert Mapplethorpe, Steven Meisel, entre outros. E também inspirou obras artísticas de Wesley Duke Lee, Luiz Zerbini e Caetano Veloso, que compôs a música "Trem das cores" especialmente para ela.

Ao longo do tempo, Sonia foi conquistando milhares de admiradores anônimos e célebres, como os imortais Federico Fellini, Jorge Amado e Tom Jobim. Em 2020, ela completou 70 anos e, para comemorar, presenteou seus seguidores nas redes sociais com autorretratos. Ela adora fotografar e ser fotografada. Nas páginas deste livro pioneiro, uma coedição das Edições Sesc São Paulo e Cepe Editora, sua biografia segue uma narrativa visual começando com imagens (algumas inéditas) do seu primeiro ensaio fotográfico como *sex symbol* em 1975. "Gabriela foi um dos trabalhos mais importantes da TV brasileira. É quando a gente começa a se olhar e gostar do que vê. Foi uma declaração de amor a nós mesmos. Passamos a nos vestir e a nos despir como brasileiros, mostrando nosso bronzeado e nossa sensualidade", declarou Sonia em 2003.

Na sequência, uma linha do tempo, de fatos e fotos memoráveis, revela sua história pessoal e artística, misturando família, carreira, ativismo social, depoimentos, ensaios fotográficos e muito mais. E finaliza com uma galeria iconográfica que ajudou a construir sua imagem de *pop star*: capas de revistas, cartazes de filmes, croquis de figurinos, obras de arte, desenhos de personagens e anúncios publicitários. "Na minha vida, sempre fiz e faço somente as coisas que quero", resume Sonia, nossa eterna musa.

Sonia Maria Campos Braga nasceu no dia 8 de junho de 1950, em Maringá, Paraná. De uma família predominantemente paulista, é a quinta de sete filhos do empreendedor Hélio Fernando Ferraz Braga e da figurinista Maria Jaci Campos Braga, mais conhecida como Zezé. "Tem essa coisa que é infância mesmo: acho que eu nunca acreditei que ia crescer, nunca acreditei que ia mudar de casa, embora a gente fosse meio cigano... Uma imagem muito forte da minha infância é um depósito de lixo, ao lado de casa. Esse depósito era a coisa mais linda, mais mágica que eu já encontrei na minha vida. Alumínios revirados, algodões. Para mim, ali, era a transformação de um mundo real. Todo o material desse depósito de lixo era inteiramente aproveitável na minha cabeça. Não tinha caramanchão, não tinha nada mais fantástico", declarou a atriz à revista *Playboy*, em 1982. Voltando à linha do tempo, na página anterior, Sonia aparece brincando em um triciclo com um ano de idade. Foi nessa época que ela e a família se mudaram para Curitiba, onde foi feita a imagem acima, em 1954, com os rostinhos de seis dos sete irmãos Braga – Ana, a caçula e mãe da atriz Alice Braga, só nasceria dois anos depois. No alto, à esquerda e em sentido horário, aparecem Sonia, Júlio (bebê que aparece duas vezes), Maria, Hélio, Omar e Ivan, no centro. Na página ao lado, Sonia posa com 4 anos, e já é possível perceber uma de suas marcas: o olhar grande e cativante.

FOTOS ACERVO SONIA BRAGA

As festas da família Braga reuniam, algumas vezes, todos os aniversariantes do mês. Na foto acima, em 1954, eles celebraram os nascidos em junho, entre eles, Sonia (à esquerda do bolo, com a boca na garrafa), o irmão Hélio (de gravata), o primo Homero (de camisa xadrez) e a irmã Maria (de olhos fechados). Logo atrás dos aniversariantes, os pais de Sonia, Hélio e Zezé, seguram o pequeno Júlio. Na página ao lado, no alto, Sonia aparece soprando as cinco velinhas de seu aniversário, em junho de 1955, cercada pelos irmãos Maria, Hélio e Omar. E, na imagem abaixo, boa parte da família se reúne para posar para uma foto que registra a celebração do Domingo de Páscoa em 1956. De vestido, Sonia aparece na frente da sua mãe e ao lado do seu pai. No centro, estão seus avós maternos, Boaventura e Ana, que repousa as mãos em Maria. Seus outros irmãos, amigos e parentes completam a cena. "Eu acho que a minha paixão pela minha história, na verdade, é a única coisa de real que eu tenho. Dependo dela até para o meu trabalho. É uma ferramenta de trabalho. Por isso eu a preservo e protejo... O meu pai veio de família classe média, e a família da minha mãe era gente mais simples, de sítio. Mais ligada à terra, à planta... Minha avó sabia lidar com ervas, era uma pessoa impressionante... Eu me apaixono pela minha história porque ela é a história de uma criança brasileira", revelou Sonia à *Playboy*.

FOTOS ACERVO SONIA BRAGA

Depois de Curitiba, os Braga se mudaram para Campinas e, então, para São Paulo, onde sofreram uma grande perda. Em 1958, Hélio, o pai, faleceu. "Até a morte do meu pai, quando eu tinha 8 anos, nossa vida foi boa. Ele lidava com imóveis e vivíamos viajando, mudando de casa, em colégios de freiras. Com a morte dele, a boa situação financeira acabou, e mamãe foi obrigada a ser pai e mãe de sete filhos, trabalhando como telefonista e costurando à noite para equilibrar o orçamento. Assim, de repente, além de estudar, eu virei dona de casa. Era uma excelente faxineira e boa passadeira", contou Sonia à revista *Sétimo Céu*. Nessa época, ela precisou sair do colégio particular e foi para uma escola pública (foto acima). "Foi uma crise absoluta. Aos 9 anos, eu me sentia velha, com muitas responsabilidades. Acordava às 5h, ia para a escola, deixava os meus dois irmãos pequenininhos na creche, limpava a casa e só depois fazia o dever", contou a atriz ao jornal *Folha de S.Paulo*. Anos depois, ela voltou ao Colégio Notre Dame com uma bolsa de estudos, onde fez a Primeira Comunhão (foto ao lado). No entanto, sua visão de mundo já havia mudado, como contou em entrevista ao jornal *O Globo*: "No meio da aula de religião, perguntei: 'Irmã, se todo mundo é igual por que não tem uma criança negra na escola?' Não tenho como olhar uma criança pobre e não pensar sobre o processo dela até chegar à rua e pedir esmola".

FOTOS ACERVO SONIA BRAGA

Até 1958, Sonia Braga teve uma educação mais tradicional, com aulas de balé e piano, que treinava em casa (foto acima). Porém, após a morte do pai, todos tiveram de se adaptar à nova realidade. "Minha mãe alugou uma padaria. Eu, que até então estudava em colégio de freira e tinha aula de piano, passei a carregar lenha para botar no forno da padaria, fui para colégio público e vi a vida como ela é", lembra Sonia em entrevista a *O Globo*. A Padaria Âncora ficava no Belenzinho, no térreo de um casarão de cinco quartos onde moravam 14 pessoas: Zezé, seus pais (Boaventura e Ana), seus sete filhos e uma de suas irmãs com marido e dois filhos. A vida ficou mais difícil, e Sonia nem sonhava com a fama. "Teve um tempo na minha adolescência que eu era feia, horrorosa, dentuça, olhuda, a Maria Feia. Eu não sabia se era mulher, homem, gato, cachorro ou papagaio", declarou Sonia à *Playboy*. Aos 14 anos, ela deixou a escola e foi trabalhar. Seu primeiro emprego foi no Buffet Torres como recepcionista e secretária. Até que, um dia, o diretor Vicente Sesso, que dirigia seu irmão Hélio no programa *Jardim encantado*, da TV Tupi, a convidou para participar da produção, no papel de uma princesa. "Quando recebi o dinheiro por esse papel era mais do que a minha família toda junta ganhava num mês", contou ao portal *Insider*. Sonia começou a fazer pequenos papéis em teleteatros infantojuvenis e, em 1965, festejou seu aniversário de 15 anos (foto ao lado).

FOTOS ACERVO SONIA BRAGA

Em meados dos anos 1960, Sonia Braga começou a trabalhar como modelo fotográfico em ensaios (foto ao lado). "Comecei a trabalhar aos 14 anos. Não percebia nada de filmes, mas adorava as câmeras. Sobretudo as câmeras fotográficas. Por vezes, os meus colegas e diretores ainda ficam irritados comigo quando eu digo 'não sou uma atriz, sou uma pessoa que gosta de artes visuais'. Não gosto dessa separação que se faz entre equipe técnica e atores. Toda a vida fui assim. Não gosto só de ver o que fazem, gosto também de participar", contou ao portal *Insider*. Os primeiros passos como modelo aconteceram depois de um desfile realizado no Buffet Torres, onde ela conheceu o cabeleireiro Antonio Carlos, que a levou para um teste no estúdio da Editora Abril. Vestida com um estiloso terninho costurado pela mãe, Sonia chamou a atenção de um dos maiores astros da época, Ronnie Von (foto acima). "Fui rejeitada no teste, mas lá estava o Ronnie Von, e ele gostou de mim", lembrou a atriz em entrevista à *Playboy*. Em 1966, o príncipe da jovem guarda a convidou para ser sua assistente de palco, a fadinha Soninha, que lia as cartas dos telespectadores em seu programa *O pequeno mundo de Ronnie Von*, da TV Record: "Conheci a Soninha num estúdio fotográfico. Ela era bonitinha, minha fã, acabamos ficando amigos", contou Ronnie Von à revista *Quem*. Aos 16 anos, Sonia começou a chamar a atenção do mundo artístico.

FOTOS ACERVO SONIA BRAGA E J. FERREIRA DA SILVA/ABRIL COMUNICAÇÕES S.A.

Os anos 1966 e 1967 transformaram a vida de Sonia Braga, abrindo várias possibilidades para a carreira artística. Por pouco, ela não atuou no filme *Roberto Carlos em ritmo de aventura* e não foi um dos integrantes da banda Os Mutantes, que estreou na TV em 1966, no programa de Ronnie Von. Sonia, então assistente de palco do cantor, e Rita Lee fizeram amizade. A cantora chegou a chamá-la para ser a quarta integrante do grupo, mas Sonia declinou do convite. Estava descobrindo a liberdade, andava mais interessada em fazer teatro e, ela mesma reconhece, não canta nada. Em 1967, fez sua primeira viagem ao Rio de Janeiro, num Fusca, com seu irmão Hélio e amigos (foto acima) e participou de um evento da Jovem Super Vai de Shell (foto ao lado). Na Editora Abril, Sonia também conheceu o diretor José Rubens Siqueira, que a convidou para sua primeira incursão no cinema, no curta-metragem *Atenção, perigo!* – que concorreria no Festival JB/Mesbla, mas não chegou a competir porque não ficou pronto a tempo. Sonia e o diretor se tornaram amigos. Ela morava distante, no Butantã, e estava sempre no apartamento de José Rubens, no edifício Copan, no centro de São Paulo: "Lembro-me dela posando nua para mim na cozinha, enquanto minha mulher fazia sopa de mandioquinha", contou o diretor à *Folha de S.Paulo*. E foi ele quem, em 1968, incentivou a então aspirante de 18 anos, que dançava bem, mas não cantava, a fazer o teste para o musical *Hair*.

FOTOS ACERVO SONIA BRAGA

No Brasil, o ano de 1968 foi marcado pelo endurecimento da ditadura civil-militar e pelo decreto do Ato Institucional nº 5 (AI-5). Nessa época, Sonia Braga passou a integrar o grupo de teatro de Santo André, ligado ao Centro Cultural do ABC Paulista (foto acima). Ela estreou a peça *Jorge Dandin*, de Molière, dirigida por Heleny Guariba – ativista política que foi desaparecida no regime militar. Sonia interpretou a personagem Angélica (foto ao lado, no alto). Para ir aos ensaios, ela tomava seis conduções, até que um dia a diretora propôs que ela dormisse em Santo André, onde acabou morando por um ano com o casal Dirceu e Ana Brisola. Nesse período, Sonia foi aconselhada por José Rubens Siqueira a voltar a São Paulo, como ele contou à *Folha de S.Paulo*: "Fui duro e paterno. Disse: 'Isso não tá com nada. Se quiser morrer, fica'". O casal Brisola se mudou para São Paulo, para uma casa na rua Bahia, em Higienópolis, e Sonia foi com os dois. "A casa chamava Bahia Drinks... Me lembro que a minha maior angústia nessa época foi quando eu soube que a Heleny tinha desaparecido", revelou a atriz à *Playboy*. Ainda em 1968, Sonia estreou seu primeiro longa-metragem como uma das vítimas no filme *O bandido da luz vermelha*, de Rogério Sganzerla (foto ao lado, abaixo): "Tinha a cena do assalto à mansão número três, mas cadê a madame misteriosa? Aí o diretor de produção trouxe aquela figura singular, Sonia Braga", disse Sganzerla à *Folha de S.Paulo*.

FOTOS DERLY MARQUES, ACERVO MERCÚRIO PRODUÇÕES E ARQUIVO PÚBLICO DO ESTADO DE SÃO PAULO

Incentivada pelo amigo José Rubens Siqueira, Sonia Braga se candidatou ao elenco da montagem brasileira do musical *Hair*, dirigido por Ademar Guerra (fotos acima e ao lado). Ela chegou ao Teatro Gazeta para o teste vestida de minissaia, blusa transparente e bota de cano longo. "Tinham umas 500 pessoas no saguão do teatro, vi lá na porta um conhecido e fui atravessando. Fui reprovada em todos os testes! O Ademar me detestou", contou a atriz à *Playboy*. Porém, a coreógrafa Marika Gidali discordou: "Preciso dela, pois sabe dançar". E Altair Lima, produtor e ator que investiu todo seu dinheiro no espetáculo, também gostou dela, e lhe avisou que ficaria como substituta, caso precisassem de alguém. Na época, a imprensa noticiava que o musical vinha escandalizando plateias, "não exatamente em virtude da famosa cena de nus, mas pela desconcertante agressividade que o espetáculo teatral provocava nos espectadores". Durante os ensaios, Sonia foi conquistando seu lugar no musical. "No meio do caminho, Ademar esqueceu que tinha me odiado, passou a me amar, e eu, a ele", contou Sonia à *Folha de S.Paulo*. O espetáculo estreou em outubro de 1969, no Teatro Bela Vista, em São Paulo, onde ficou em cartaz por oito meses e teve renda recorde de 2 milhões de cruzeiros. O elenco, que foi se renovando devido às longas temporadas, revelou uma geração de talentos, entre eles, Ney Latorraca, Antonio Fagundes e, claro, Sonia Braga.

FOTOS ACERVO/ESTADÃO CONTEÚDO E ABRAHAM LINCOLN/COLEÇÃO MARCELO DEL CIMA/ACERVO DANIEL MARANO

1969 | FOTO PAULO GARCEZ | ACERVO SONIA BRAGA

LIVRO *ARTE DO ENCONTRO* (BEM-TE-VI, 2002)

A partir de *Hair*, Sonia Braga recebeu convites para atuar na televisão e no cinema, onde teve a chance de fazer sua primeira protagonista. O filme *A Moreninha*, dirigido por Glauco Mirko Laurelli, estreou em janeiro de 1970. No longa-metragem, baseado na adaptação teatral do romance de Joaquim Manoel de Macedo, a atriz interpretou Carolina e teve como par romântico Augusto, vivido pelo ator David Cardoso (foto acima). Foi a primeira vez que ela deu corpo a uma grande personagem da literatura, o que se tornaria mais tarde um dos marcos de sua carreira. As filmagens foram realizadas em São Paulo e Paraty. A imagem final do filme mostra a equipe técnica trabalhando: "Foi uma solução que o Glauco imaginou para desfazer a impressão meio açucarada que a história tem. A equipe do filme era realmente sensacional. Quase vira uma comunidade de tão bacana que era", disse a atriz à imprensa na época. Bem recebido pela crítica, o filme ganhou o Prêmio do Júri Popular de Melhor Longa-Metragem no 6º Festival de Brasília do Cinema Brasileiro. Na foto ao lado, Sonia aparece entre as atrizes Vera Manhães e Leila Diniz, num momento de descontração durante os intervalos do festival, na piscina do Hotel Nacional. "Eu assistia à Leila, ela era uma força para mim. Eu nunca senti a ausência da Leila porque para mim ela permanece... Ela era um cacique, um porta-voz da tribo!", declarou Sonia à *Playboy*.

FOTOS ARQUIVO CB/D.A PRESS E ACERVO SONIA BRAGA

Assim que *Hair* iniciou sua temporada no Rio de Janeiro, o diretor Daniel Filho convidou Sonia Braga para a novela *Irmãos Coragem* (TV Globo, 1970), de Janete Clair. Sua personagem Lídia formava par romântico com Jerônimo, vivido pelo ator Cláudio Cavalcanti (foto ao lado). Embora essa não tenha sido a primeira novela que a atriz gravou, acabou sendo considerada sua estreia. Antes, ela havia feito *A menina do veleiro azul*, de Ivani Ribeiro, na TV Excelsior, mas a emissora fechou antes de a novela ir ao ar, como ela contou em entrevista a *O Globo*: "A novela ficou interrompida pela metade e aquilo até hoje é um grito para mim. Poxa, já imaginou você não saber que fim levou seu personagem?". A parceria com Daniel Filho e Janete Clair continuou, e ela foi escalada para *Selva de pedra* (TV Globo, 1972). Sua personagem, Flávia, era par romântico de Guido, interpretado por João Paulo Adour (foto acima). Nesse período, a atriz morava em São Paulo e ia ao Rio de Janeiro três vezes por semana de trem, como contou ao mesmo jornal na época: "Acho uma curtição fazer Rio-São Paulo no Santa Cruz. Alugo uma cabine inteirinha para mim, mas durmo pouco. Vou ao restaurante, tomo um uisquinho, ando pelos corredores e imagino histórias de mistério ou de *cowboy*, das quais naturalmente sou a personagem principal. Mas com isso chego pregadíssima ao trabalho. Esse esquema não está dando mais pé. O negócio agora é enfrentar um avião".

FOTOS ACERVO EDITORA GLOBO E ACERVO SONIA BRAGA

O ano de 1972 marcou o início das transmissões coloridas de TV no Brasil e também uma virada importante na carreira de Sonia Braga. Além da novela *Selva de pedra*, ela gravou o caso especial *Somos todos do jardim de infância* (TV Globo, 1972), escrito por Domingos de Oliveira, com os atores Marcos Paulo, Lúcia Alves e Roberto Pirillo (foto acima). Ademar Guerra, que havia rejeitado Sonia no teste de *Hair*, mas depois a integrou ao elenco e se tornou seu amigo e admirador, convidou a atriz novamente para trabalharem juntos. Dessa vez, num projeto infantil, ainda em preto e branco: o programa *Vila Sésamo* (coprodução TV Globo/TV Cultura, 1972). Sonia interpretava a professora Ana Maria e contracenava com Aracy Balabanian, Armando Bógus, Flávio Galvão, Manuel Inocêncio, além dos bonecos Garibaldo (Laerte Morrone) e Gugu (Roberto Orozco) – Aracy, Armando e Laerte também trabalharam com Sonia e Ademar em *Hair*. Os personagens ensinavam às crianças noções de matemática e português numa linguagem simples e lúdica. "É uma espécie de novela muito divertida, muito instrutiva, visando exatamente o público infantil de idade pré-escolar", disse Sonia a *O Globo* no mesmo ano em que o programa estreou. Essa produção foi a primeira adaptação do original *Sesame Street* fora dos Estados Unidos. Na versão brasileira, a rua foi transformada em vila operária, onde viviam personagens tipicamente brasileiros (foto ao lado).

FOTOS ACERVO EDITORA GLOBO E ACERVO RODRIGO OLIVEIRA

A popularidade tornou-se uma constante para Sonia Braga a partir de *Vila Sésamo*. E os convites para trabalhos em diferentes veículos passaram a ser cada vez mais frequentes. No cinema, ela fez sua segunda protagonista no filme *Mestiça, a escrava indomável* (1973), de Lenita Perroy, em que fez par romântico com o ator Arduino Colasanti, como o Feitor (foto ao lado), e por quem se apaixonou na vida real. Os dois foram morar juntos numa casa de vila em Botafogo, no Rio, e também no veleiro Gaivota, com o qual passavam dias viajando e tomando sol no melhor estilo *dolce far niente*. "Morávamos no barco dele, sempre nus e cozinhando peixe fresco na areia. Fui ficando bronzeada e os cabelos foram encaracolando com a água do mar", revelou Sonia na época. Enquanto ainda gravava *Vila Sésamo*, a atriz foi chamada para trabalhar em sua terceira novela de Janete Clair, *Fogo sobre terra* (TV Globo, 1974). Na trama, ela interpretou Brisa e fez par romântico com André, vivido pelo ator Marcos Paulo (foto acima). Dessa vez, Sonia foi dirigida por Walter Avancini, que, no ano seguinte, a convidou para viver a personagem que mudaria sua vida definitivamente e a transformaria numa paixão nacional: Gabriela. Como ela contou à *Folha de S.Paulo*: "Até ser escolhida para ser Gabriela, eu só fazia papéis de garotas feias, neuróticas". É difícil imaginar que uma das maiores musas do Brasil era considerada fora do padrão de beleza no início dos anos 1970.

FOTOS ACERVO SONIA BRAGA E ACERVO EDITORA GLOBO

Embora estivesse sendo cada vez mais solicitada pelo audiovisual, Sonia Braga continuou a se dedicar ao teatro. Em 1974, estreou a peça *A teoria na prática é outra*, de Antonio Pedro Borges. No palco, ela contracenou com Pedro Paulo Rangel (foto acima). No cinema, Daniel Filho a convidou para estrelar com José Wilker o filme *O casal* (1975). No longa, ela interpreta Maria Lúcia, e Wilker, Alfredo Giacometti (foto ao lado, no alto). A atriz se apaixonou pelo ator, um de seus grandes amigos e parceiros na arte: "Já era metade para o fim das filmagens, eu já estava muito apaixonada por você pela segunda vez, e você me disse que estava apaixonado pela Sandra Bréa", confessou ela para Wilker no programa *Mudando de conversa*, apresentado por Daniel Filho. O filme foi um divisor de águas no modo como a própria Sonia entendia e se via no cinema, como ela contou à *Playboy*: "Foi através do Daniel Filho, quando fui fazer *O casal*, que descobri o trabalho no cinema. Porque nos outros dois filmes eu não tinha percebido. Mas aí vem o Daniel e diz: 'A melhor escola para uma atriz é parar numa esquina e observar a vida'. Era o que eu fazia! Você para numa esquina, fica sabendo quem está angustiado, quem está feliz, quem está namorando... Você sabe tudo. O cinema é exatamente a vida!". Na foto ao lado, abaixo, Sonia aparece entre Walter Avancini e Jorge Amado no coquetel em homenagem ao escritor, durante o lançamento da novela *Gabriela*, em 1975.

FOTOS ACERVO SONIA BRAGA E ANTÔNIO NERY/AGÊNCIA O GLOBO

Antes do início da produção da novela *Gabriela* (TV Globo, 1975), Sonia Braga e Walter Avancini foram à Bahia conhecer Jorge Amado. O encontro tinha o objetivo de apresentá-los ao escritor para que ele aprovasse a protagonista e o diretor do projeto, que comemorava dez anos da Globo. Os direitos do romance já haviam sido vendidos para a norte-americana MGM, porém, o romancista havia feito uma reserva dos direitos no Brasil. No entanto, durante esse encontro, Jorge Amado ligou para José Bonifácio de Oliveira Sobrinho, o Boni, na época superintendente de produção e programação da emissora, e impôs uma condição. "Ele me disse que a coisa fundamental de Gabriela é que ela não é uma sedutora. Ela é uma sedução. As pessoas se apaixonam por ela sem que ela faça nada para isso. Se não fizer isso, não é meu personagem. Essa característica faço questão, e quero que você assuma esse compromisso comigo: ela não vai fazer caras e bocas", contou Boni em entrevista ao *podcast W/Cast*. E assim foi feita uma das novelas de maior sucesso da carreira da atriz, que encantou o Brasil exatamente como exigira o escritor: sem caras e bocas. O público foi seduzido pela história improvável de amor entre o turco Nacib (Armando Bógus) e a cabocla Gabriela, sua cozinheira (foto acima). Sonia não apenas compreendeu perfeitamente a exigência do autor como se tornou uma pessoa muito próxima dele, a ponto de ser considerada sua filha.

FOTOS SEBASTIÃO BARBOSA/ACERVO SONIA BRAGA

Nos anos 1970, Sonia Braga morava numa vila em Botafogo, no segundo andar da casa 9. No térreo, vivia um de seus grandes amigos, o cineasta Luiz Carlos Lacerda, o Bigode. A efervescência artística do endereço, frequentado por nomes como Waly Salomão, Cacá Diegues e Jards Macalé, é contada no documentário *Casa 9* (2011), de Luiz Carlos Lacerda. Foi lá que a jornalista Gisele Campos deixou, em 1976, bilhetes na tentativa de escrever sobre a atriz para a revista *Nova*: "Ela não tem telefone. Encontrá-la na Globo é bem mais que problemático. E, nas poucas horas que para os outros seriam vagas, ela acumula ocupações várias, num verdadeiro atropelo de atividades profissionais". Nessa época, Bigode e Sonia gostavam de criar personagens com produções caseiras (foto acima). Também é desse período a sequência de retratos de Sonia (foto ao lado e nas páginas seguintes) feitos em uma loja de fotografia, na praça Tiradentes, no Centro do Rio. "Sempre que ia ao Rio, visitava a tal lojinha e tirava fotos, que ficavam expostas na vitrine. Eles nos colocavam nas poses. Colocavam nossos dedinhos no rosto e iluminavam as fotos, como deveriam fazer desde a abertura da loja, talvez, no início do século XX. Essa lojinha deveria ter sido tombada pelo patrimônio, mas não foi. E não foi por falta de aviso. Nos anos 70, fiquei gritando sozinha. Bom, um dia, voltei de viagem... e cadê? Sumiu a minha lojinha com todo o tesouro."

FOTOS ACERVO SONIA BRAGA

BRASIL

Luar
de
SERTÃO

O carnaval carioca de 1976 reuniu na avenida Presidente Vargas os seguidores e admiradores de uma das líderes religiosas mais importantes do país. Mãe Menininha do Gantois foi homenageada pela escola de samba Mocidade Independente de Padre Miguel, que teve Sonia Braga, desfilando e representando Iemanjá (foto acima), entre seus destaques. Jorge Amado também desfilou por indicação da própria entidade, de quem o escritor era devoto. O Terreiro do Gantois era mais uma ligação profunda entre a atriz e o escritor, como ele revela no livro *Navegação de cabotagem* (Record, 1992): "Sonia Braga, minha filha, três vezes minha filha, por Gabriela, por Dona Flor, nos vídeos de televisão, nas telas dos cinemas, na camarinha do candomblé do Gantois sou seu pai pequeno, Sonia, cavalo de Iemanjá galopando sobre o mar". Nesse mesmo ano, Sonia foi coroada Rainha das Atrizes na 46ª edição do evento beneficente Baile das Atrizes, no Canecão, em prol da Casa dos Artistas. Vestida de Cinderela, ela recebeu a faixa e a coroa de sua antecessora, a atriz Betty Faria (foto ao lado) – e o príncipe foi José Wilker. Depois do sucesso de *Gabriela*, Sonia havia se tornado um símbolo sexual do Brasil, transformando o padrão de beleza, antes muito atrelado a loiras de olhos claros. O ritmo de trabalho continuou intenso e, ainda em 1976, ela atuou na novela *Saramandaia* (TV Globo) e protagonizou o filme *Dona Flor e seus dois maridos*, de Bruno Barreto.

FOTOS ANIBAL PHILOT/AGÊNCIA O GLOBO E ACERVO SONIA BRAGA

Rainha das
Rainha das

No fim das gravações de *Gabriela*, Sonia Braga desembarcou em Salvador para as filmagens de *Dona Flor e seus dois maridos*, que estreou em 1976. Com um dos orçamentos mais caros do cinema brasileiro na época, 2,5 milhões de cruzeiros, foi o terceiro longa do jovem Bruno Barreto. O sucesso estrondoso revelou Sonia ao mundo. "Quando comecei o filme, não sabia direito como Dona Flor cabia em mim. Ela é uma mulher diferente, uma Gabriela civilizada, bem classe média. Trata-se de um personagem que mobiliza todas as suas emoções. Com dois maridos, de personalidades completamente opostas, cada um deles reflete um lado dela... Gabriela é um retrato de mulher brasileira em suas raízes, um ser primitivo. Gosto de representar personagens que nos dizem respeito, pois o importante é mostrar aquilo que a gente realmente é", disse a atriz à revista *Fatos e Fotos*. Baseado na obra homônima de Jorge Amado, o filme foi protagonizado por Sonia e pelos atores Mauro Mendonça, interpretando seu segundo marido, Teodoro (foto acima), e José Wilker, vivendo seu primeiro marido, Vadinho (foto ao lado), que morre em plena folia de carnaval. O filme recebeu uma indicação ao Globo de Ouro de melhor filme estrangeiro, e Sonia Braga foi indicada à categoria Revelação do Bafta. No Festival de Cinema de Gramado, em 1977, o longa foi premiado com dois Kikitos, de Melhor Diretor (Bruno Barreto) e Melhor Trilha Sonora (Francis Hime).

FOTOS ARQUIVO PÚBLICO DO ESTADO DE SÃO PAULO E PHOTO 12/ALAMY/FOTOARENA

1976 | FOTO MARISA ALVAREZ LIMA | ACERVO SONIA BRAGA

REVISTA *STATUS*, EDIÇÃO 24, JULHO 1976 | BELEZA SILVINHO (CABELO) E GUILHERME (MAQUIAGEM)

A rotina de trabalho nos anos 1970 foi bastante intensa para Sonia Braga, que se dividia entre projetos para cinema, teatro e televisão. Em 1976, depois de menos de um ano, ela voltava à televisão, na novela *Saramandaia* (TV Globo), escrita por Dias Gomes e dirigida por Walter Avancini. A atriz interpretou Marcina, par romântico do personagem João Gibão, vivido por Juca de Oliveira (foto acima). Na trilha sonora da novela, Sonia cantou e gravou a música "Sou o estopim", de Antônio Barros, feita especialmente para sua personagem (Eu sou o estopim da bomba/ É você quem me faz ser assim/ Se não quer ver o estouro da bomba/ Não encosta esse fogo em mim...). No ano seguinte, ela emendou outro trabalho na TV, em mais uma novela. A convite do diretor Daniel Filho, ela foi escalada para o papel de Cynthia Levi no folhetim *Espelho mágico* (TV Globo, 1977), de Lauro César Muniz. Na foto ao lado, Sonia contracena com os atores Kito Junqueira, que fez o personagem Nestor Rey, e Tony Ramos, intérprete de Paulo Morel. Ela foi destaque na trama, como escreveu o crítico Artur da Távola no jornal *O Globo*: "Coube a Sonia Braga o primeiro grande momento artístico de *Espelho mágico*. Foi quando, chorando, saiu da casa dos pais, onde ninguém entendia nem aceitava o tipo de vida que levava, na ânsia de ser artista. [...] Naquele choro, estava o terrível preço existencial que certos jovens pagam na descoberta do próprio eu".

FOTOS TV GLOBO/ACERVO E TV GLOBO/NELSON DI RAGO

LIÇÃO
DE AMOR
AUTO DA COMPADECIDA

Depois de estrelar *Gabriela* e *Dona Flor*, Sonia Braga foi capaz de mexer novamente com o imaginário popular. Se antes ela quebrou padrões de beleza, mostrando que sua brasilidade representava mais as mulheres do que as que posavam para capas de revista, agora ela rompia com a visão de mulher dominada e submissa na obra de Nelson Rodrigues. Sonia ficou próxima do dramaturgo nas filmagens de *A dama do lotação* (1978), dirigido por Neville D'Almeida. Nelson não era apenas o autor do conto original no qual o filme era baseado; ele também assinava o roteiro do longa-metragem, tendo escrito os diálogos. No *set*, a atriz conversava com o escritor sobre sexo, traição, gozo, religião e amor (foto acima). Em um dia de filmagem que tinha como cenário um cemitério, Nelson acompanhou Sonia. "Eu abro a parte de cima do *tailleur* branco, pego a cabeça do homem, ponho no meu peito e esfrego. O Nelson estava sentado num túmulo, ao lado. Enquanto a gente filmava, ele ia dando as minhas falas: 'Não para, continua, não para'", lembra Sonia em entrevista à imprensa. Quando acabou a cena, ele se aproximou e disse: "Minha doce Sonia!". A atriz comentou o sucesso de sua personagem Solange em entrevista ao *Jornal do Brasil*: "Até então, meus personagens eram bonzinhos e, em *A dama*, ele é perverso e bom, esclarecido e burro". Na foto ao lado, a atriz aparece em cena durante as filmagens do longa em 1977, no Rio de Janeiro.

FOTOS ACERVO SONIA BRAGA E ATLANTIC RELEASING/EVERETT COLLECTION/FOTOARENA

Jeans
Jeans
Jeans

No mesmo ano de lançamento do filme *A dama do lotação*, Sonia Braga confirmou seu lugar no Olimpo artístico e mostrou a diversidade de sua imagem. Na novela *Dancin' days* (TV Globo, 1978), de Gilberto Braga, ela interpretou a ex-presidiária Júlia Matos e fez par romântico com Cacá, vivido por Antonio Fagundes (foto acima). Também contracenou com ícones e veteranos da dramaturgia brasileira, como Mário Lago, Beatriz Segall, Jacqueline Laurence e Cleyde Blota (foto ao lado, abaixo). A introdução do universo disco na produção foi de Daniel Filho. "Em *Dancin' days*, tínhamos uma boa novela, o *script* era bom. Mas faltava a novidade. O personagem de José Lewgoy teria um restaurante, que depois se tornaria um restaurante de grã-fino", escreve o diretor no livro *O circo eletrônico* (Zahar, 2001). "A partir da discoteca, introduzi todo o universo das pessoas que a frequentavam. Havia um quê de droga e de excitação nas pessoas. A discoteca não tinha nada a ver com a história original, mas modificou o comportamento de todos os personagens, mexeu estruturalmente com a história." Na pista de dança, Sonia mais uma vez entrou para o inconsciente coletivo, com a icônica cena da volta triunfal de Júlia Matos após a prisão (foto ao lado, no alto). "*Dancin' days* foi basicamente um ensaio romantizado sobre o comportamento, a ideologia, a psicologia e os valores da classe média urbana carioca", escreveu Artur da Távola no jornal *O Globo*.

FOTOS TV GLOBO/NELSON DI RAGO, ANIBAL PHILOT/AGÊNCIA O GLOBO E ACERVO SONIA BRAGA

1978 | FOTO PEDRO MARTINELLI

REVISTA *VEJA*, EDIÇÃO 505, MAIO 1978

"A curva mais bonita de uma mulher é o sorriso." A frase atribuída ao cantor e compositor Bob Marley traduz o final dos anos 1970 na vida e na carreira de Sonia Braga. Exuberante e feliz, ela ocupou alguns dos principais papéis da dramaturgia na televisão e no cinema. E foi celebrada e homenageada por cada um deles na mídia nacional e estrangeira. Sonia, antes dos 30 anos, havia se consolidado como uma das maiores atrizes do Brasil, vivia um intenso relacionamento amoroso com o fotógrafo Antonio Guerreiro e começava a ser descoberta pelo mercado e pela mídia internacionais. Nos anos 1980, ela continuaria a fazer grandes trabalhos no cinema – estava às vésperas de protagonizar o filme *Eu te amo* (1981), de Arnaldo Jabor. Certa vez, o cantor Ney Matogrosso, comentando sobre Sonia e a liberdade dos anos 1970, decretou sem titubear: "Sonia era a criatura mais linda do Brasil naquele momento". Nestas duas páginas, o sorriso aberto e iluminado que ela carrega é um espelho desse período especial. Acima, a atriz, em 1978, ao lado de Guerreiro e Suzy Gentil, então casada com o diretor Bruno Barreto, na lendária boate Studio 54, em Nova York, onde foi realizado o coquetel de lançamento do filme *Dona Flor e seus dois maridos* (1976). Na foto ao lado, Sonia é homenageada no programa *Brasil 79* (TV Globo, 1979), comandado por Bibi Ferreira e com direção geral de Augusto César Vannucci.

FOTOS ARQUIVO AGÊNCIA O GLOBO E TV GLOBO/NELSON DI RAGO

Conforme ganhava voz como ícone da cultura brasileira, Sonia Braga começou a usá-la para expressar suas ideias, resgatando suas origens artísticas no teatro do Centro Cultural do ABC Paulista e emprestando sua imagem, agora reconhecida nacionalmente, para causas sociais e políticas. No dia 13 de agosto de 1979, durante a ditadura militar, a atriz visitou o Complexo Penitenciário Frei Caneca, no Rio de Janeiro, para se solidarizar com os 14 presos políticos que faziam greve de fome no presídio Milton Dias Moreira. O jejum foi encerrado em 22 de agosto, quando o Congresso Nacional aprovou a Lei da Anistia. Na foto ao lado, Sonia aparece com outros artistas, entre eles Elke Maravilha, Osmar Prado, Renata Sorrah e Francisco Cuoco. No mesmo ano, ela estreou a peça infantil *No país dos prequetés*, baseada na obra de Ana Maria Machado e dirigida por José Roberto Mendes. Na trama, a menina Nita (foto acima) descobre que nos jogos infantis sempre tem alguém que dá as ordens e os que são obrigados a cumpri-las. Inconformada, decide fazer uma viagem para saber se em todos os lugares existem alguns poucos que mandam e uma maioria que obedece. Nas andanças, ela conhece Prequeté, um contestador que não aceita as regras estabelecidas. No mundo dele, ninguém é obrigado a fazer nada. Assombrada, Nita percebe que a desobediência nem sempre é algo feio e reprovável e que, ao mesmo tempo, é impossível viver sem regras.

FOTOS PAULO JABUR E ACERVO SONIA BRAGA

Sendo a única atriz que aparecia na lista dos filmes de maior bilheteria na história do cinema brasileiro, Sonia Braga foi conquistando mais poder nas negociações dos contratos. Ainda hoje, dois de seus filmes – *Dona Flor e seus dois maridos* e *A dama do lotação* – ocupam a lista dos dez mais vistos do cinema nacional. Em reportagem sobre a atriz e o sucesso do filme *Eu te amo* (1981), o jornal *O Globo* publicou: "Considerada um dos nomes femininos que mais atrai público ao cinema brasileiro, ela conquistou recentemente, além do cachê convencional, uma participação de 5 a 10% na renda de bilheterias. Só no primeiro mês de exibição de *Eu te amo*, por exemplo, ela recebeu como percentual de bilheteria o equivalente a quatro meses de salário". O filme conta a improvável história de amor entre Maria (Sonia), uma mulher traumatizada por um relacionamento unilateral, e o industrial falido e recém-separado Paulo, vivido por Paulo César Pereio (fotos ao lado). "O fato de o Jabor ter realizado uma história que dava crédito ao amor gerou muitas discussões, a meu ver inúteis", disse Sonia sobre a aceitação do grande público e a polêmica gerada por um pequeno grupo de intelectuais acerca do roteiro. O filme lhe rendeu o Kikito de Melhor Atriz no Festival de Gramado. Na foto acima, vestida de noiva, Sonia interpreta a personagem Gelly na novela *Chega mais* (TV Globo, 1980), de Carlos Eduardo Novaes, com direção de Roberto Vignati.

FOTOS TV GLOBO/NELSON DI RAGO E VERA BUNGARTEN/ACERVO SONIA BRAGA

Nos primeiros anos da década de 1980, após emendar uma novela atrás da outra, Sonia Braga estava decidida a investir mais energia no cinema. Depois do grande sucesso com sua personagem Maria no filme *Eu te amo*, ela ganhou destaque internacional com a crítica de Jack Kroll publicada na revista *Newsweek*: "A primeira verdadeira estrela pós-Sophia Loren. [...] Algo novo na tela, uma mulher de beleza resplandecente". Sonia voltou a trabalhar com o diretor Bruno Barreto e a interpretar uma de suas grandes personagens, Gabriela. A convite do cineasta, com quem havia feito *Dona Flor e seus dois maridos*, ela reviveu a protagonista do romance de Jorge Amado no longa-metragem *Gabriela, cravo e canela* (1983). Dessa vez, contracenou com o ator italiano Marcello Mastroianni, que interpretou o turco Nacib (foto ao lado). As filmagens transcorreram em Paraty, com enorme assédio da imprensa. "Ainda não tive tempo de ir a Paraty e dar uma espiada na filmagem de *Gabriela*, que é a atração do momento. Meu amigo João Brandão foi e voltou. Viu Sonia Braga descalça e Marcello Mastroianni enchapelado, a multidão em volta, sentiu o desejo geral de participar do filme", escreveu o poeta Carlos Drummond de Andrade, no dia 8 de junho, em sua coluna do *Jornal do Brasil* e *Jornal da Tarde*. Na foto acima, nos bastidores do longa, Jorge Amado, Sonia e Bruno Barreto celebram mais uma parceria.

FOTOS ACERVO SONIA BRAGA E ACERVO/ESTADÃO CONTEÚDO

O ano que marcou a história da democracia no Brasil: 1984. Em 25 de janeiro, intelectuais, políticos, líderes sindicais e artistas de todo o país se reuniram na praça da Sé, no centro de São Paulo, na campanha das Diretas Já. Cerca de 300 mil pessoas acompanharam o comício. No palanque, grandes nomes da cultura, como Chico Buarque, Fernanda Montenegro, Milton Nascimento, Bruna Lombardi, Irene Ravache, Raul Cortez, entre outros. Na foto acima, Sonia Braga discursa ao lado do cantor Belchior e do então senador Fernando Henrique Cardoso. No mesmo ano, acompanhada do jornalista Nelson Motta e do músico Gilberto Gil, a atriz foi convidada a participar do prestigiado programa dominical *Blitz*, da televisão italiana, para falar sobre música brasileira. Dois dias antes da gravação, o apresentador Gianni Minà organizou um encontro com seu amigo Federico Fellini no Grand Hotel Rimini, próximo ao local do programa e onde o cineasta estava hospedado. Na ocasião, Fellini presenteou Sonia com um desenho feito no guardanapo de pano do hotel, que ela guarda até hoje. Na foto ao lado, da esquerda para a direita: Nelson Motta, Norma Giacchero (na época, secretária de edição de Fellini), Gilberto Gil, Fellini e, em seu colo, Sonia. Ainda em 1984, a atriz fez um ensaio para a revista *Playboy* norte-americana e pediu ao fotógrafo Richard Fegley que a produção fosse inspirada na obra do cineasta.

FOTOS ANTONIO CARLOS PICCINO/AGÊNCIA O GLOBO E ACERVO GIANNI MINÀ/ACERVO SONIA BRAGA

1984 | FOTOS RICHARD FEGLEY | ACERVO SONIA BRAGA

REVISTA *PLAYBOY* AMERICANA, OUTUBRO 1984

As viagens de Sonia Braga aos Estados Unidos passaram a ser cada vez mais frequentes na primeira metade da década de 1980. Em 1984, ela foi uma das convidadas da *after party* da primeira edição do Video Music Awards, no Hard Rock Café, em Nova York. Na festa, a atriz chegou acompanhada do cantor David Lee Roth, da banda Van Halen (foto ao lado). "Era um amigo muito divertido. Ia me pegar em casa com seu Cadillac conversível para irmos dançar no Palladium, a discoteca da moda em Nova York depois do fechamento da Studio 54. Ele dirigia cantando aos berros e usava um terno de estampas havaianas", lembra Sonia, em entrevista à *Folha de S.Paulo*, Nessa mesma festa e no mesmo Cadillac, Roth levou Sonia, Robert Downey Jr. e Anthony Michael Hall. Criado em 1984 e considerado uma das maiores premiações da música, o VMA teve sua primeira edição marcada pela histórica *performance* de Madonna, vestida de noiva, cantando "Like a virgin". A banda Van Halen venceu em três categorias: Melhor Performance de Grupo, Melhor Clipe de Grupo e Melhor Performance Geral. No ano seguinte, Sonia dava seu passo definitivo no mercado internacional, com a estreia do longa-metragem *O beijo da Mulher Aranha* (1985), dirigido por Hector Babenco. Na pré-estreia norte-americana, a atriz apareceu ao lado do seu amigo e jogador de futebol Pelé, que era considerado o brasileiro mais famoso do mundo na época (foto acima).

FOTOS RON GALELLA/RON GALELLA COLLECTION VIA GETTY IMAGES E ACERVO SONIA BRAGA

A personagem título do filme *O beijo da Mulher Aranha* (1985) seria da coreógrafa Mara Borba, que atuou na produção. Porém, no meio do caminho, o cineasta Hector Babenco decidiu que Sonia faria os três papéis femininos: Leni Lamaison, Marta e Mulher Aranha. "Inicialmente eu ia fazer só a Marta. Eu tenho uma participação pequena no filme, isto é, não faço o principal papel. Mas não existem pequenos papéis no cinema", contou a atriz em entrevista a *O Globo*. Com a Mulher Aranha (foto acima), Sonia mais uma vez protagonizou uma cena que se tornou icônica na história do cinema. Na página ao lado, no alto, ela aparece como Marta, ao lado de Valentín, interpretado por Raul Julia. Na foto abaixo, a atriz está caracterizada como Leni e posa com o figurinista Patricio Bisso e sua mãe, Zezé Braga, que foi a responsável pela confecção de todos os figurinos da filha no longa. Elvira, mãe de Bisso, foi figurante no filme e também aparece nessa foto, à esquerda. A recepção internacional da obra foi excepcional. "Na época do lançamento, os atores estavam trabalhando. Só tinha eu para fazer publicidade do filme. Fiz todas as fotos para *Vogue*, *Elle*, *Harper's Bazaar*, *Vanity Fair*. Trabalhei um ano sem parar. Com isso, melhorei muito meu inglês", lembrou a atriz no programa *Roda Viva*. "O Bill Cosby, que era o programa de comédia de maior audiência no horário nobre, me convidou duas vezes. Foi a pessoa que me colocou na televisão americana."

FOTOS PHOTO 12/ALAMY/FOTOARENA E CARLOS FENERICH/ABRIL COMUNICAÇÕES S.A.

Após ser indicada a alguns dos principais prêmios de cinema do mundo por seu trabalho em *O beijo da Mulher Aranha*, Sonia Braga passou a fazer parte definitivamente do mercado mundial. Em 1985, ela foi convidada para o 38º Festival de Cannes, que teve o escritor Jorge Amado como um dos jurados. Para se apresentar no primeiro dia do festival, ela pediu a um *designer* italiano que fizesse um terno *black tie* masculino sob medida. Na foto acima, ela aparece ao lado do ator Harrison Ford e do cineasta Milos Forman, presidente do júri daquela edição. No ano seguinte, Sonia fez parte do festival como jurada e, na abertura do evento, usou um vestido decotado nas costas, com uma jaqueta de couro por cima, emprestado pela mulher de um grande amigo de Sonia, o produtor Sean Ferrer, filho da atriz Audrey Hepburn. Foi nesse ano que Fernanda Torres venceu o prêmio de Melhor Atriz em Cannes, com *Eu sei que vou te amar* (1986), de Arnaldo Jabor. "Foi este júri que deu o prêmio para a Fernandinha. Eu acho linda essa história", lembrou Sonia no programa *Roda Viva*, ao contar que os papéis do casal do filme seriam inicialmente dela e de José Wilker, mas Jabor decidiu mudar a faixa etária dos protagonistas. Na foto ao lado, também em 1985, a atriz apresenta os vencedores do Globo de Ouro na categoria de Melhor Filme Estrangeiro para *Uma passagem para a Índia*, dos produtores Richard Goodwin (à esquerda) e Lord Brabourne (à direita).

FOTOS LAZIC/SIPA/NEWSCOM/FOTOARENA E LENNOX MCLENDON/AP PHOTO/IMAGEPLUS

Em 1985, Sonia Braga foi fotografada por Robert Mapplethorpe e Steven Meisel, dois dos mais renomados fotógrafos norte-americanos. Meisel fotografou a atriz para um perfil da *Vogue* americana. No texto da revista, a jornalista Tracy Young descreve a força de sua imagem: "Os críticos norte-americanos, deslumbrados com seu corpo miúdo, o incrível cabelo e os traços exóticos, a consagraram como a Bardot sul-americana". Essa mesma foto de Meisel (acima), que enaltece o volume das madeixas da atriz, também foi publicada, no ano seguinte, na edição brasileira da *Vogue*. Na mesma época, Mapplethorpe fez um retrato em preto e branco de Meisel e Sonia para uma reportagem especial da revista *Vanity Fair*, que reunia as principais personalidades e eventos daquele ano de 1985. Além da imagem publicada na revista, que mostra os dois abraçados, Mapplethorpe aproveitou a oportunidade e fez um outro retrato icônico de Sonia, sozinha, com os seios nus, saltando como se levasse um susto. Essa imagem foi publicada no livro *Some women* (Bulfinch, 1989) e integrou uma exposição póstuma do fotógrafo, com curadoria de Vik Muniz, na galeria Fortes Vilaça, em São Paulo, em 2005. "*For Sonia*", escreveu Mapplethorpe na cópia assinada com que ele presenteou a atriz. O retrato está no apartamento de Sonia, em Nova York, e aparece nesta fotografia ao lado, feita por Alcir Navarro da Silva em 1992.

FOTOS ALCIR NAVARRO DA SILVA E STEVEN MEISEL/ACERVO SONIA BRAGA

1986 | FOTO BOB WOLFENSON

REVISTA *AROUND*, EDIÇÃO 80, ABRIL 1986

Após passar um ano promovendo o filme *O beijo da Mulher Aranha* em festivais e na imprensa, viajando principalmente dentro dos Estados Unidos, Sonia Braga foi convidada duas vezes para participar de um dos *sitcoms* mais populares da televisão norte-americana, *The Cosby Show* (NBC). Em 1986, a atriz interpretou a professora Anna Maria Westlake, nos episódios *Mrs. Westlake* e *An Early Spring* (acima, em cena com Bill Cosby). "Eu não falava o inglês direito, mas mesmo assim ele me chamou. O Bill Cosby é o José Rubens Siqueira e o Vicente Sesso daqui. Foi a pessoa que me colocou na televisão americana. Até hoje, quando entro no metrô, nos Estados Unidos, as pessoas se lembram de mim no Bill Cosby", contou a atriz na sabatina do *Roda Viva*. Na página ao lado, Sonia aparece em mais uma produção para a televisão norte-americana, *Mil elos: o preço da liberdade* (1987), de Daniel Mann. A trama conta a história de um veterano da Primeira Guerra Mundial, Robert Elliott Burns (Val Kilmer), que volta aos Estados Unidos e, sem conseguir encontrar seu lugar na sociedade, comete um pequeno roubo, indo parar na prisão. Depois de escapar da cadeia e virar um bem-sucedido empresário, ele se apaixona pela mulher que o ajudou a fugir, Emily Pacheco, interpretada por Sonia, mas que pode, a qualquer momento, revelar seu passado. Nos bastidores do filme, Sonia se apaixonou por Val Kilmer, mas o romance não prosperou.

FOTOS ACERVO SONIA BRAGA

Em 1987, Sonia Braga se tornou a primeira atriz brasileira a apresentar uma categoria do Oscar (foto ao lado, no alto). Com o ator Michael Douglas, ela anunciou o vencedor de Melhor Curta-metragem, *Precious images*, de Chuck Workman. Antes de entrar no palco, Sonia foi apresentada por Goldie Hawn como uma das atrizes mais charmosas do mundo. Encorajada por Douglas, Sonia aproveitou e mandou um recado em português para os brasileiros: "Estou com muitas saudades". Nos bastidores, enquanto aguardava para ser chamada, uma mulher tocou no seu ombro e disse: "Não vai me cumprimentar, Sonia?". Quando ela se virou, descobriu que era a atriz Elizabeth Taylor. Na época, elas já se conheciam porque Sonia tinha namorado Christopher Wilding, filho de Taylor. Com tantos compromissos e convites de trabalho nos Estados Unidos, a atriz já estava praticamente morando lá. Na foto ao lado, abaixo, ela aparece com o amigo Tom Jobim, em 1986, nos bastidores do Jazzvision, no Wiltern Theatre, em Los Angeles. No ano seguinte, a atriz fez uma participação no documentário sobre Jobim, *Antonio brasileiro*, de Roberto Talma, em que o músico canta *Gabriela*, feita especialmente para a trilha sonora do filme de Bruno Barreto. Na foto acima, Sonia, Richard Gere e Elizabeth Taylor são fotografados no evento Art Against Aids, realizado em junho de 1987, em benefício das pesquisas para a cura da doença, na Sotheby's, em Nova York.

FOTOS ACERVO SONIA BRAGA

As revistas de moda ficaram fascinadas com a estética do corpo *mignon* e os cabelos volumosos da "estrela de cinema internacional mais quente do momento". No final dos anos 1980, Sonia Braga posou para editoriais das principais publicações, entre elas, *Vogue*, *Vanity Fair* e *Elle*. Na imagem ao lado, ela fotografou com Marco Glaviano para um ensaio da *Harper's Bazaar* em 1987. Na foto acima, a atriz protagoniza um editorial com o ator Christopher Lambert para a revista *In Fashion*, em 1986: "Não importa se ela é a protagonista favorita do Brasil. Ou que seja chamada de Marilyn Monroe da América do Sul. Há momentos em que Sonia Braga simplesmente não se acha bonita. Tudo depende do seu humor", escreveu o jornalista Michael Sauter no perfil da revista norte-americana, em que a atriz explicou o modo como escolhe os roteiros dos filmes que faz. "Leio certos roteiros e surpreendentemente estou lá, fazendo o filme. Sigo meus instintos, meu coração. É um processo misterioso. Nunca penso: 'Este filme é bom para minha carreira?'. Eu apenas reajo", contou Sonia à publicação. No mesmo ano, ela estrelou a capa da *Vogue* brasileira em foto assinada por Steven Meisel. Nas primeiras linhas da reportagem, a revista decreta: "Sucesso ela sempre fez. Como Gabriela, como Dona Flor e uma série de personagens. Só que agora as fronteiras não existem mais. Sonia Braga está definitivamente consagrada no Brasil e no mundo".

FOTOS ANDREA BLANCH/ACERVO SONIA BRAGA E MARCO GLAVIANO

1987 | FOTO GREG GORMAN

LIVRO *GREG GORMAN: VOLUME 1* (CPC, 1989)

1988 | FOTO JEAN PAGLIUSO PHOTOGRAPHY INC.

LIVRO *JEAN PAGLIUSO: IN PLAIN SIGHT* (DAMIANI, 2018)

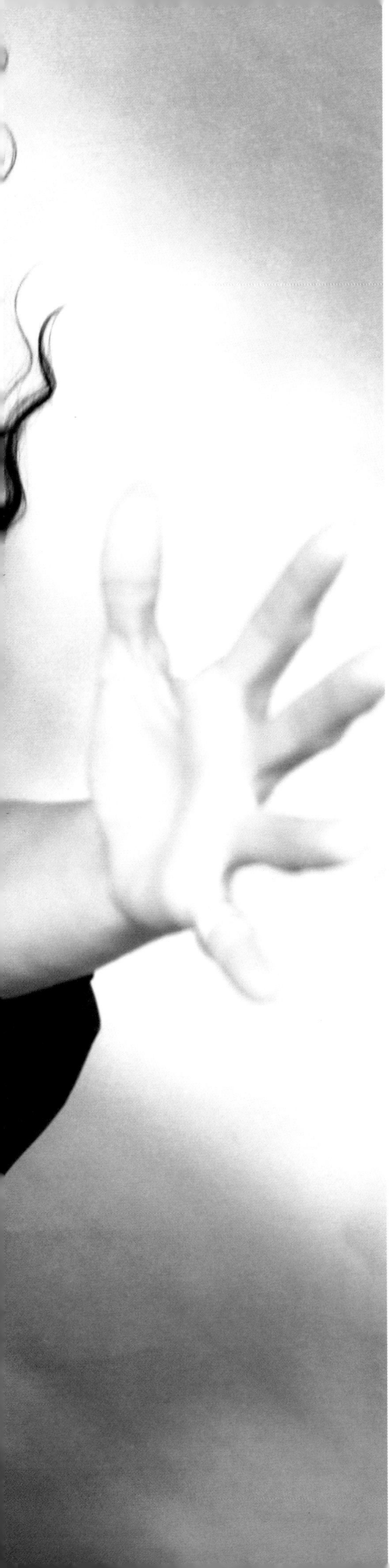

1988 | FOTO HARRY BENSON

LIVRO *PEOPLE* (CHRONICLE BOOKS, 1991)

Em 1986, quando participou como integrante do júri do Festival de Cannes, Sonia Braga deu início à sua carreira em Hollywood. "No festival, recebi um convite do Robert Redford para participar do *Rebelião em Milagro*. Fiquei um tempo em Los Angeles até o que o Paul Mazursky me chamou para fazer *Luar sobre Parador*. Depois de filmar, fiquei um tempo em Porto Seguro, sem receber convite de ninguém. Eu tinha ficado muito amiga do pessoal do *Milagro*, e eles me ligaram chamando para ir a Sundance, que estava ótimo, que eu devia ir esquiar... Pensei bem e fui!", lembra a atriz em entrevista à revista *Trip*. No longa *Rebelião em Milagro*, ela interpreta a ativista Ruby Archuleta, que, ao lado do advogado e editor Charlie Bloom, interpretado por John Heard, trava uma batalha contra a especulação imobiliária que quer transformar a pequena cidade de Milagro em um *resort* de luxo. "Mais uma bela direção de Redford, e de novo ele não atua. O melhor papel de Sonia Braga em Hollywood", segundo crítica do jornal *O Estado de S. Paulo*. Na foto ao lado, Sonia posa junto a Freddy Fender (major Sammy Cantu) e Rubén Blades (xerife Bernabe Montoya) nos bastidores do filme. Acima, a atriz desfila no 41º Festival de Cannes, em 1988, ao lado da atriz Melanie Griffith, que interpreta Flossie Devine no filme, e do diretor Robert Redford, para a *première* do longa no *montée des marches*. Longe dos holofotes, Sonia e Robert viveram um romance.

FOTOS UNITED ARCHIVES GMBH/ALAMY/FOTOARENA E POOL GARCIA/URLI/GETTY IMAGES

Logo depois de rodar *Rebelião em Milagro*, Sonia Braga emendou em outra produção norte-americana, a comédia *Luar sobre Parador* (1988), dirigida por Paul Mazursky (foto acima). A história envolve a morte de Alphonse Simms (Richard Dreyfuss), o presidente/ditador de um país fictício latino-americano. Isso faz com que o chefe de seu gabinete, Roberto Strausmann (Raul Julia), convença o ator Jack Noah (Richard Dreyfuss), que é um sósia do morto, a assumir seu lugar. Dessa forma, Strausmann pode governar usando Noah como fantoche. Porém, a namorada do falecido, Madonna Mendez, papel de Sonia Braga, ao contrário da população do país, não se deixa iludir com a farsa. Mazursky, que dirigia Sonia pela primeira vez, foi só elogios: "Ela é aquele tipo raro de atriz que está fincada na realidade. Há algo puro nela. Só a tinha visto em papéis com uma sexualidade selvagem, o que nos faz esperar alguém bem menos brilhante. Mas ela é inteligente, instintiva, e sempre querendo ajudar o filme". O longa teve locações em Nova York, Ouro Preto, Rio de Janeiro e Salvador. Durante a passagem por todas essas cidades, imprensa e fãs, eufóricos com a presença da atriz e da produção, registravam os passos do elenco. Na página ao lado, o fotógrafo Agliberto Lima registra a beleza de Sonia para o jornal *O Estado de S. Paulo*, em 1987, durante as filmagens na praia do Rio Vermelho, em Salvador.

FOTOS ARCHIVE PHOTOS/GETTY IMAGES E AGLIBERTO LIMA

No início dos anos 1990, Sonia Braga já estava estabelecida no *showbiz* norte-americano. Ela havia acabado de estrelar uma campanha internacional para a American Express, fotografada por Annie Leibovitz, ao lado de grandes personalidades do mundo, como Catherine Deneuve, Mikhail Baryshnikov e Sophia Loren, quando foi convidada para as bodas de prata do lendário Black and White Ball, baile de máscaras criado e realizado em 1966 pelo escritor e jornalista Truman Capote. Dessa vez, em 1991, a festa foi montada numa tenda do lado de fora da Tavern on the Green, no Central Park, como um evento de caridade em benefício da Alzheimer's Association. Na foto acima, Sonia aparece ao lado da atriz Brooke Shields. Recriado pela princesa e filantropa Yasmin Aga Khan, o baile de máscaras reuniu mais de oitocentos convidados. Entre eles estavam Calvin Klein, Bob Mackie, Chuck Scarborough, Ron Perelman, Oscar de la Renta, Joanne Woodward, Anne Bass, Jay McInerney, Marla Hansen, Bill Blass, Deborah Norville, Joy Philbin e Isabella Rossellini. Em 1990, Sonia posa com o estilista italiano Valentino Garavani (foto ao lado), no baile de máscaras em prol da Aids Foundation, no Waldorf Astoria Hotel, em Nova York. Naquele ano, o tema principal da campanha da Organização Mundial de Saúde para o Dia Mundial da Aids chamava a atenção para o aumento do número de mulheres infectadas pelo vírus HIV.

FOTOS ADAM SCULL/ALAMY/FOTOARENA

1990 | FOTO GREG GORMAN

LIVRO *INSIDE LIFE* (RIZZOLI, 1996)

Sonia Braga voltou ao cinema norte-americano em 1990 com uma cena polêmica: sua personagem (Liesl) tortura e excita o policial Nick Pulovski, vivido por Clint Eastwood (foto ao lado), forçando-o a fazer sexo com ela. Um estupro cometido por uma mulher; assim ficou marcada a presença da atriz no elenco de *Rookie, um profissional do perigo* (1990), dirigido por Eastwood. "Os americanos ficam fascinados por coisas desse tipo, pela desinibição com que Sonia lida com a situação", escreveu Ana Maria Bahiana sobre a cena, na revista *Claudia*. Na trama, a atriz faz a amante e cúmplice do vilão (Strom), interpretado por Raul Julia. Nas reportagens sobre o filme, ela foi chamada de "mulher Rambo", numa alusão à força física do personagem de Sylvester Stallone. "Fiz em *Rookie* um filme de muita ação, uma mulher que não tinha nada a perder – só a vida. Antes de começar cada cena, fazia preparação física, até ficar tremendo. Quando estava correndo da polícia na cena do aeroporto, o que me veio à cabeça foi o Brasil dos anos 60, entendeu? Me deu uma raiva, fiquei tomada. Aquilo foi pura adrenalina", lembrou Sonia em entrevista à revista *Manchete*. Na foto acima, a atriz aparece em cena do filme *A última prostituta* (1991), de Lou Antonio, em que vive Loah, uma lendária prostituta que passa a ser objeto de desejo de dois adolescentes. Eles resolvem sair em sua busca e, quando a encontram, descobrem que ela se aposentou e vive da criação de cavalos.

FOTOS PICTORIAL PRESS LTD/ALAMY/FOTOARENA E ACERVO SONIA BRAGA

1991 | FOTO MICHEL COMTE | ACERVO SONIA BRAGA

REVISTA *VOGUE* BRASIL, EDIÇÃO 184

1992 | FOTOS ALCIR NAVARRO DA SILVA

REVISTA *EXAME VIP*, ANO 7, MAIO 1992

1992 | FOTO GREG GORMAN

LIVRO *IT'S NOT ABOUT ME: A RETROSPECTIVE* (TENEUES, 2020)

1993 | FOTO FABIO CABRAL

REVISTA *ESTÉTICA*, EDIÇÃO 10, 1993 | PRODUÇÃO LEDA GORGONE | BELEZA GARY STEVES (CABELO) E BILLY BRASFIELD (MAQUIAGEM)

"Eu não quero ser uma estrela do cinema brasileiro. Eu quero que o cinema brasileiro seja a estrela", um desejo que Sonia Braga declarou mais de uma vez à imprensa para traduzir suas intenções de pôr o Brasil no mapa da indústria cinematográfica. No início dos anos 1990, sua dedicação à carreira internacional fez com que ela atuasse em quase um filme por ano. Na foto acima, ela aparece com o ator Danny Nucci no drama *A volta* (1993), de Robert M. Young. Em 1994, ela participou do telefilme *Amazônia em chamas* (HBO), de John Frankenheimer, e contracenou com Edward James Olmos e Raul Julia (foto ao lado). O longa conta a vida do seringueiro Chico Mendes, desde a infância pobre em Xapuri até seu assassinato. O filme, todo falado em espanhol, foi rodado no México, e a única relação da produção com o Brasil é a presença de Sonia Braga no elenco (interpretando a última companheira de Chico). Durante o lançamento do filme, Sonia falou sobre sua relação com Julia, que havia falecido repentinamente antes da estreia. Em dez anos, desde que começaram a trabalhar juntos, eles contracenaram em vários longas. Em entrevista à revista *Caras*, ela lembrou o amigo: "A morte dele me parece uma injustiça de Deus. Tínhamos uma coisa de irmãos. Agora quero guardar de Raul aquilo que ele era: um homem de bem com a vida, embora seus olhos parecessem estar sempre com saudade".

FOTOS IRS MEDIA/COURTESY EVERETT COLLECTION/FOTOARENA E UNITED ARCHIVES GMBH/ALAMY/FOTOARENA

"Deusa de tirar o fôlego", com "uma poderosa presença em cena" e sua "brilhante e grave sensualidade": com esses elogios, a imprensa norte-americana saudou a atuação de Sonia Braga no filme inglês *Two deaths* (*Morte dupla*, 1995), de Nicolas Roeg. Embora tenha poucos diálogos no roteiro, a trama gira em torno de sua personagem, Ana Puscasu (foto ao lado). O filme se passa na Romênia e conta a história de um velho médico, Daniel Pavenic (Michael Gambon), sexualmente obcecado por sua governanta, interpretada por Sonia, a quem tiraniza. O diretor usa o *flashback* para mostrar o envolvimento de Pavenic e Puscasu no passado. "Apesar de estar presente na tela muito tempo, ela fala raramente, apenas quando é questionada. Mas não há dúvidas de que ela é o poder por trás da casa. Sempre acreditei que menos significa mais", disse a atriz à *Folha de S.Paulo*. Em cena, ela aparece sem maquiagem e com roupas simples, numa caracterização distante da chamada *latin bombshell*, com que o público estava acostumado. "Sonia Braga é um espanto como a mulher de poucas palavras e uma presença maior que a vida", derrama-se Larry Worth, crítico do jornal *New York Post*. Na foto acima, a atriz aparece em cena com Sissy Spacek na minissérie *Laredo: o último desafio* (1995), um drama de faroeste dirigido por Joseph Sargent. A produção em três episódios é adaptada do romance *Lonesome dove*, escrito por Larry McMurtry.

Numa das raras vezes em que abriu sua casa em Nova York para a mídia, Sonia Braga recebeu sua amiga Bruna Lombardi (foto acima), que apresentava o programa *Gente de expressão* (TV Manchete, 1995). Na entrevista, Bruna perguntou a Sonia quando ela descobriu que era "bonita e gostosa". "Eu não descobri nada, quem falou isso foi o Jorge Amado através do livro e da novela. Porque eu só fazia neurótica, feia, caipira. Nunca pensava 'sou bonita?', 'sou feia?'. Por muitos anos, a mulher brasileira teve essa coisa de achar que a beleza internacional era mais importante que a beleza local, só o Jorge ficou ali insistindo. Essa coisa das revistas e da moda... é uma ditadura, uma coisa horrorosa. Com a *Gabriela*, não fui eu quem mudou, foi a mulher brasileira que, se vendo na televisão, baixinha, com bunda, com peitinho, viu que era legal", refletiu Sonia. Na página ao lado, acima, Sonia aparece em ação na campanha Loucos Varridos, fundada por ela, para conscientizar os cariocas da necessidade de manter a cidade limpa. Em 1996, Sonia foi chamada para o elenco da novela *Antônio Alves, taxista* (SBT). Ela chegou a gravar alguns capítulos, mas desistiu de participar por estar insatisfeita com a produção e, principalmente, com a qualidade do texto. No final, a trama foi um fiasco de audiência. Nessa época, Sonia aproveitou para conhecer a região da Patagônia e fazer *trekking*, um dos seus esportes favoritos na época (foto ao lado, abaixo).

FOTOS JC VOLOTÃO, MARCIA FOLETTO/AGÊNCIA O GLOBO E ACERVO SONIA BRAGA

A retomada da carreira de Sonia Braga no cinema brasileiro, depois de mais de uma década de trabalhos no mercado internacional, foi em *Tieta do Agreste* (1996), de Cacá Diegues, adaptado do romance de Jorge Amado (foto acima). Além de protagonista, a atriz foi coprodutora. Para os figurinos de Tieta, o estilista Ocimar Versolato criou vinte croquis exclusivos da personagem. Pouco antes das filmagens, em 1995, o *designer* foi a Nova York discutir o conceito com a atriz, e foi quando surgiu a ideia da peruca platinada. "O que acha de ela chegar à cidade com outra cor de cabelo, mais clara?", perguntou o estilista. "Ah, é. Ela chega loura!", respondeu a atriz, em conversa registrada pelo escritor e jornalista Edney Silvestre para o jornal *O Globo*. Depois, Sonia foi a Paris, onde Ocimar era radicado, para as primeiras provas do figurino (foto ao lado). "É incrível ver como os desenhos de Ocimar viraram realidade no meu corpo. Fui experimentando, e só no décimo terceiro vestido ele olhou e disse não ter gostado muito daquele modelo. Eu concordei. Mas os outros estão realmente fantásticos", contou a atriz. As referências do figurino são do filme francês *Les dames du bois de Boulogne* (1945), de Robert Bresson. "Tieta tem extravagância. Vai à praia de salto 11. No enterro do pai, como vingança, usa um vestido com fenda até a cintura e decote até o umbigo", contou Ocimar à revista *Elle*.

FOTOS ACERVO SONIA BRAGA E RUY TEIXEIRA

Em 1995, durante breve temporada em Paris, Sonia Braga aproveitou para se encontrar com Jorge Amado (foto ao lado, no alto) e Zélia Gattai. Em entrevista, o escritor fez questão de se mostrar um entusiasta da atriz como protagonista do filme *Tieta do Agreste* (1996), de Cacá Diegues. O próprio escritor fez uma participação no início do longa-metragem. No período que antecedeu às filmagens, Sonia foi muito cobrada pela mídia em relação a seu peso – todos os principais jornais noticiaram o assunto no título e em colunas sociais, falando sobre a dieta e os quilos que ela iria perder para a personagem – e também sobre o fato de ter dedicado os dez anos anteriores ao mercado audiovisual norte-americano. "Vivi no exílio cultural por muito tempo, quero reafirmar a minha vontade de fazer cinema no Brasil, em português", disse Sonia à *Folha de S.Paulo*. A equipe criativa de *Tieta do Agreste* foi composta de grandes nomes. Cacá Diegues fez questão de ter Sonia no papel-título (foto ao lado, abaixo), Caetano Veloso na trilha sonora (foto acima), Ocimar Versolato no figurino de Tieta, e João Ubaldo Ribeiro e Antonio Calmon assinando o roteiro com ele, como contou a *O Globo*: "Eu, que não filmo para ensinar, mas para aprender, mergulhei em *Tieta* para saber mais sobre o Brasil. Para isso, convoquei meus ídolos brasileiros, pessoas também que sempre me ensinaram".

FOTOS LUIZ ALBERTO/MANCHETE/ACERVO SONIA BRAGA, LUCIANA DA JUSTA/ACERVO LUZ MÁGICA E LUIZ C. RIBEIRO

1996 | FOTO KURT MARKUS

CAMPANHA BOGNER | DIREÇÃO BEDA ACHERMANN | ESTILO JOE MCKENNA | BELEZA ERIC GABRIEL (CABELO) E LAURA MERCIER (MAQUIAGEM)

No final dos anos 1990, Sonia Braga fez uma série de trabalhos para a televisão norte-americana. Entre eles, o telefilme *Money plays* (1997), em que dividiu a cena e as fotos de divulgação com o ator Roy Scheider. Na imagem acima, os dois aparecem juntos no lançamento, em Las Vegas. "Eles apostam tudo em um girar de dados", apresenta o *slogan* do filme. Dirigido por Frank D. Gilroy, o longa-metragem conta a história de Irene, a personagem de Sonia, uma garota de programa que arrisca a sorte nos cassinos ao lado do viúvo Johhny Tobin (Roy), seu cliente regular. Com um pequeno detalhe: o dinheiro que eles arriscam não lhes pertence. No ano seguinte, a atriz brasileira integrou o elenco da série *Four corners* (1998), exibida pelo canal CBS em fevereiro de 1998. Filmado em San Gabriel Mountains, na Califórnia, o projeto teve uma temporada de cinco episódios. O drama conta a história de Maggie Wyatt, interpretada pela atriz sueca Ann-Margret (foto ao lado), uma fazendeira que perde o marido em um acidente de avião. Viúva, ela está determinada a manter seu rancho longe da especulação imobiliária. Sonia interpreta Carlotta Alvarez, amiga da matriarca, e luta pelo mesmo propósito, pois representa os trabalhadores imigrantes da região, que dependem da terra para seu sustento. A série não foi adiante, mas Sonia não lamentou: "Achei até bom, porque era um drama. Não gosto muito de drama, prefiro mil vezes a comédia".

FOTOS JOAN ADLEN PHOTOGRAPHY/ HULTON ARCHIVE/GETTY IMAGES E CBS/ALBUM/FOTOARENA

Em 1999, Sonia Braga interpretou Quixtla, uma sacerdotisa vampira mexicana, no filme *Um drink no inferno 3: a filha do carrasco*, que mistura os gêneros horror e *western*. Dirigido por P. J. Pesce, o longa-metragem é o terceiro da trilogia *Um drink no inferno*, que teve, a princípio, a direção da dupla Quentin Tarantino e Robert Rodriguez. Dessa vez, porém, eles só assinam a produção. Sonia não teve a oportunidade de conhecer o diretor de *Pulp fiction* (1994) durante as filmagens de suas cenas, que aconteceram na África do Sul. "Queria muito conhecer o Quentin Tarantino, que é o produtor, mas não deu", contou na época. "A equipe era muito jovem e unida. Tinha um senso de humor igual ao dele." Na foto acima, Sonia contracena com Ara Celi, que interpreta a protagonista Esmeralda, revelada como Santanico Pandemonium, a princesa dos vampiros. No mesmo ano, a atriz retornou ao Rio de Janeiro e à televisão brasileira para gravar 14 capítulos da novela *Força de um desejo* (TV Globo, 1999), de Gilberto Braga e Alcides Nogueira. Na trama, ela interpreta a baronesa Helena, que é louca pelo filho mais velho, Inácio, vivido por Fábio Assunção, e que tenta disfarçar sua rejeição ao caçula, Abelardo, interpretado por Selton Mello (foto ao lado). No retorno à teledramaturgia no Brasil, Sonia declarou: "Faço TV porque gosto. Não há nada mais por trás disso. Tenho carinho e respeito pelos telespectadores".

FOTOS ACERVO SONIA BRAGA E TV GLOBO/NELSON DI RAGO

Sonia Braga e Fernanda Montenegro se encontraram no restaurante Tavern on the Green, em Nova York, para a cerimônia do National Board of Review Awards, em fevereiro de 1999 (foto acima). A associação de críticos de cinema da costa leste dos Estados Unidos premiou *Central do Brasil* (1998) nas categorias Melhor Atriz e Melhor Filme Estrangeiro. Sonia entregou o troféu ao cineasta Walter Salles enquanto Fernanda recebeu o prêmio da atriz Lauren Bacall. A premiação ocorreu dois dias antes do anúncio da lista de indicados ao Oscar, que incluiu Fernanda – a primeira atriz brasileira a concorrer na categoria Melhor Atriz – e *Central do Brasil*. Em quatro anos, essa foi a terceira indicação brasileira ao Oscar na categoria hoje chamada de Melhor Filme Internacional. Nos anos anteriores, o Brasil disputou com *O quatrilho* (1995), de Fabio Barreto, e *O que é isso companheiro?* (1997), de Bruno Barreto. Em 2013, quando Fernanda ganhou o Emmy por sua atuação no especial *Doce de mãe* (2012), Sonia escreveu sobre a amiga: "Com certeza uma das melhores atrizes do mundo". Na foto ao lado, Sonia aparece no filme *Memórias póstumas de Brás Cubas* (2001), de André Klotzel, baseado na obra de Machado de Assis. Ela interpreta Marcela, o primeiro amor do protagonista quando jovem, vivido por Petrônio Gontijo. O papel rendeu a Sonia o prêmio de Melhor Atriz Coadjuvante no Festival de Gramado.

FOTOS JEFF CHRISTENSEN/REUTERS/FOTOARENA E ACERVO SONIA BRAGA

Em 11 de setembro de 2001, Sonia Braga registrou na foto acima o ataque terrorista ao World Trade Center, em Nova York. No dia da tragédia, ela estava em seu apartamento, em Tribeca, a apenas quatro quadras das Torres Gêmeas. Assim que viu o noticiário na televisão, depois de ouvir o barulho dos aviões e estrondos, pegou sua câmera e subiu ao terraço do seu prédio para registrar o que acreditava ser um acidente. "Quando esperava pelo elevador, ouvi o som de uma parede inteira do prédio gritando. Eram as pessoas (vizinhos que tinham visão para o WTC), que estavam vendo o segundo avião entrar na segunda torre. Agradeço a Deus por não ter visto, pois jamais teria me recuperado", contou a atriz em depoimento na época. Ao longo do dia, Sonia ajudou pessoas que entravam no edifício dela em busca de ajuda, de água, de comunicação. "Todo esse tempo eu estava com a minha câmera e não quis tirar foto. Mas isso era o que menos tinha importância naquele momento. O mais importante era eu ver em que poderia ser útil. Só que, quando estava me afastando do meu prédio, pensei: 'vou tirar uma foto porque é uma loucura o que está acontecendo'." Ela deu à fotografia o nome de *Denial* (*Negação*, em inglês). Nesse mesmo ano, a atriz estreou o filme *Olhar de anjo* (2001), de Luis Mandoki (foto ao lado). Na trama, ela interpreta Josephine, mãe de Sharon Pogue (Jennifer Lopez).

FOTOS ACERVO SONIA BRAGA E ANGEL EYES PRODUCTIONS/FRANCHISE PICTURES/MORGAN CREEK/ALBUM/FOTOARENA

Em 2002, Sonia Braga interpretou Berta Gonzalez na série *Família americana*, de Gregory Nava (TV PBS). Na foto acima, ela aparece com o ator Edward James Olmos, seu marido na trama. Na página ao lado, a faceta da atriz como defensora das ideias do Partido Democrata norte-americano. Nesse mesmo ano, em 9 de outubro, Sonia se juntou a outras celebridades, como Linda Carter e Janet Jackson, no Warner Theatre, em Washington, para apoiar a campanha dos democratas às eleições para presidente. Coube a Sonia o papel de anunciar os convidados de honra: o ex-presidente Bill Clinton e a senadora Hillary Clinton. Anos antes, em 1997, Sonia participou de um jantar em Brasília oferecido pelo então presidente Fernando Henrique Cardoso, no Palácio da Alvorada, em homenagem a Bill Clinton. Na ocasião, a atriz se sentou à mesa junto das então primeiras-damas Ruth Cardoso e Hillary Clinton. No livro *Rita Lee: uma autobiografia* (Globo Livros, 2016), a cantora relembra esse evento e conta que foi ao toalete junto com a Sonia para "fofocar": "Enquanto Sonia retocava o batom, entre gargalhadas, me contou ter a impressão de que Bill estava flertando com ela. Talvez tivesse abusado do vinho, mas, segundo a própria, olhares sedutores se cruzaram mais de uma vez. Antes de sairmos do banheiro presidencial, eu ainda roubei o lenço de papel onde Sonia carimbou o bocão tirando o excesso de batom".

FOTOS MIKE THEILER/GETTY IMAGES E ACERVO SONIA BRAGA

Sonia Braga ama a câmera, e vice-versa. Em Nova York, ela prestigiou a *première* do filme *Confessions of a dangerous mind* (2002), no Paris Theatre. O longa-metragem, cujo título no Brasil é *Confissões de uma mente doente*, é protagonizado pela atriz Drew Barrymore, a quem Sonia cumprimentou no evento (foto acima), e por George Clooney, que também assina a direção. Embora usasse um *look* preto nada extravagante, a atriz foi uma das mais fotografadas da noite. Nesse mesmo ano, a brasileira foi uma das convidadas do 17º Annual American Museum of Moving Image (Ammi), no Radio City Music Hall, em Manhattan. O evento foi marcado por uma homenagem ao ator e diretor Mel Gibson. Na foto ao lado, Sonia aparece com o ator, diretor e produtor Warrington Hudlin. Apaixonada por fotografia, a estrela de *O beijo da Mulher Aranha* mais uma vez transformou sua chegada num verdadeiro espetáculo para os profissionais que cobriam o tributo, fazendo diferentes poses, movimentos com os braços, olhares e sorrisos. Diante dos *flashes*, ela brincou com a *pashmina* preta transparente que cobria o vestido de alça de um ombro. O que era para ser uma simples passagem de pretinho básico pela entrada do evento transformou-se numa espécie de *performance* que resultou em dezenas de ótimas fotos – e na alegria dos fotógrafos. Se é para ir a uma noite de gala, Sonia gosta de marcar presença.

FOTOS JIM SPELLMAN/WIREIMAGE/GETTY IMAGES

EXIT

DANIEL · PATRICK · MOYNIHAN
UNITED · STATES · COURT · HOUSE
500
500

Embora trabalhasse nos Estados Unidos desde 1985 e morasse em Manhattan há 18 anos, Sonia Braga somente se tornou cidadã norte-americana em 2003. A foto ao lado é um registro do dia em que ela cumpriu a última etapa do processo, saudou a bandeira e cantou o hino norte-americano. Naquele início dos anos 2000, a atriz voltara a ser sensação no noticiário por sua participação na quarta temporada da série *Sex and the city* (HBO, 2001), na qual ela interpretou Maria, uma artista plástica brasileira lésbica que se envolve com Samantha, personagem de Kim Catrall (foto acima). "A personagem foi escrita para mim. Sou amiga do Chris Noth (Big), um dos atores da série, e ele me levou à festa de lançamento da terceira temporada. Lá conheci um dos produtores, Michael Patrick King, e nós comentamos que *Sex and the city* nunca tinha mostrado uma homossexual. Ele perguntou: 'Você faria a personagem?' E eu respondi: 'Claro!'. Pouco depois, veio o convite", contou em entrevista ao jornal *O Globo*. Uma das cenas do quarto episódio marcou a história da série, exibida no Brasil pelo Multishow. Maria diz a Samantha que o que ela faz na cama não está funcionando, e ensina como dar prazer a outra mulher. Então, Samantha faz sexo oral pela primeira vez em uma mulher e, depois, conta sobre a experiência de transar com Maria para suas melhores amigas, Carrie, Miranda e Charlotte. A cena repercutiu durante dias e tornou-se icônica.

FOTOS ACERVO SONIA BRAGA E PETER KRAMER/STAR MAX/NEWSCOM/FOTOARENA

Em 2003, Sonia Braga foi convidada a apresentar o episódio *Girl's education in India* (*Educação de meninas na Índia*), da série *What's going on?* (*O que está acontecendo?*). O projeto, promovido pelas Nações Unidas, também teve outras personalidades como apresentadores; entre eles, Angelina Jolie, Danny Glover, Meg Ryan, Michael Douglas, Richard Gere e Susan Sarandon. O documentário acompanha a história de três indianas, Aarthi, Geeta e Leela, e revela em detalhes as diferenças entre os privilégios das classes mais abastadas e as dificuldades dos mais pobres. Ao conversar com uma das três jovens retratadas, Sonia se emociona ao perguntar sobre os sonhos da menina. Com olhos marejados, tentando segurar a emoção, a atriz diz para Aarthi: "Toda criança, toda mulher tem o direito de ir para a escola, aprender e trabalhar". Em seguida, a entrevistada conta o que achou da conversa com a brasileira: "Foi bom ouvir o que Sonia me disse, ela me fez acreditar que eu posso conseguir o que eu quiser. Eu soube que ela enfrentou dificuldades na vida, como eu e minha mãe, e olha onde ela está agora!". Ao final do programa, Sonia provoca o espectador: "Imagine o que o mundo poderia ser se toda garota tivesse o poder do conhecimento". Cada vez mais dedicada à fotografia, a atriz aproveitou a viagem para fazer muitas fotos de moradores do país e cenas locais.

FOTOS ACERVO SONIA BRAGA

2003 | FOTO DANIEL KLAJMIC

REVISTA *VOGUE* BRASIL, EDIÇÃO 303 | ESTILO CHIARA GADALETA | BELEZA DANIEL HERNANDEZ

2003 | FOTO ROBERT SCHWENCK

REVISTA *TPM*, EDIÇÃO 26, OUTUBRO 2003 | ESTILO ALBERTH MURTA | BELEZA CESAR CORTINOVE

Considerada um ícone de beleza – tendo sido fotografada para as principais revistas de moda do Brasil e do mundo, como *Vogue*, *Vanity Fair* e *Elle* –, Sonia Braga é conhecida pela fidelidade aos estilistas que admira e de quem é amiga. A parceria mais sólida é com o *designer* norte-americano Narciso Rodriguez. Nestas páginas, Sonia prestigia o estilista em seu desfile da coleção Fall 2004, no Bryant Park, em Nova York, ocasião em que encontrou a atriz Sarah Jessica Parker – também vestida de Narciso –, com quem trabalhou três anos antes na série *Sex and the city*. No evento, a brasileira usou uma criação exclusiva do estilista: saia lápis e top com zíper na parte da frente (croqui na página 248), arrematado por um casaco reto. Sonia também foi uma das convidadas do casamento do *designer* com o publicitário Thomas Tolan, em 2013. A relação de Narciso com o Brasil é tão intensa, que ele já lançou coleção inspirada no carnaval brasileiro e em Marisa Monte. "O Brasil é minha segunda casa, tenho casa na Bahia e vocês sabem minha ligação com o país", disse o estilista em entrevista, em 2012, mencionando a amizade com personalidades brasileiras, entre elas, Sonia Braga, durante o lançamento de um perfume em São Paulo. A identificação de estilo entre os dois não é à toa. Nascido em uma família de origem cubana, Narciso acredita que sua carreira teve grande inspiração nas mulheres latinas que o rodearam ao longo da vida.

FOTOS PATRICK MCMULLAN/GETTY IMAGES E ZUMA PRESS, INC./ALAMY/FOTOARENA

2004 | FOTO MATTHIAS VRIENS

CURTA-METRAGEM *AMÁLIA TRAÍDA*, DE FRANCESCO VEZZOLI (2004)

Na página ao lado, no alto, Sonia contracena com Mía Maestro na quarta temporada da série *Alias* (AXN, 2005), da qual participou a convite de J. J. Abrams, criador da série e do fenômeno *Lost*. "Eu já era superfã de *Alias*, então foi superinteressante e surpreendente. Pude usar algumas habilidades, como *kickboxing*, que aprendi para fazer aquele filme do Clint [Eastwood, *Rookie: um profissional do perigo*], e corrida. Tem uma cena que dou um chute duplo num cara e um tiro. Eu gosto desse tipo de ação, porque parece uma coisa lúdica, de história em quadrinhos", contou em entrevista na época. Ela interpretou Sophia Vargas, uma argentina aparentemente carinhosa, que criou a personagem de Mía como filha. Depois de trinta anos afastada das novelas brasileiras, Sonia Braga voltou à cena no elenco de *Páginas da vida* (TV Globo, 2006), de Manoel Carlos. Sua personagem era Tônia Werneck (foto ao lado, abaixo), uma escultora que se apaixona por Tide, vivido por Tarcísio Meira. Para marcar o retorno em grande estilo, a revista *RG Vogue* convocou o fotógrafo J. R. Duran para um ensaio de capa com looks monocromáticos (foto acima). No texto do perfil, a jornalista Maria Lúcia Rangel resgatou uma frase do crítico Jack Kroll, publicada em 1981 na revista *Newsweek*, para definir a atriz: "Sonia Braga tem uma explicitude sexual que faz Marlon Brando parecer um garotinho bem comportado em *O último tango em Paris*".

FOTOS J.R.DURAN, PHOTO 12/ALAMY/FOTOARENA E ACERVO SONIA BRAGA

REVISTA *QUEM*, EDIÇÃO 311, AGOSTO 2006 | PRODUÇÃO JOANA MAZZA | BELEZA TOM HYLL

2006 | FOTO LUCIANA AVELLAR

2006 | FOTO MURILLO MEIRELLES

REVISTA *MARIE CLAIRE*, EDIÇÃO 183, JUNHO 2006 | PRODUÇÃO DE MODA MARINA FRANCO | BELEZA TON HYLL

Representando o Brasil, Sonia Braga foi uma das convidadas para a homenagem a Al Pacino pelo conjunto de sua obra, em 2008, com o AFI Life Achievement Award, prêmio oferecido pelo American Film Institute (foto acima). O evento aconteceu no Kodak Theatre, em Los Angeles, onde são realizadas as apresentações do Oscar. "Fui ao Oscar na época em que a cerimônia era no Shrine Auditorium. É minha primeira vez no Kodak Theatre", contou em entrevista. Vestida num longo vermelho criado pelo estilista norte-americano Narciso Rodriguez (croqui na página 248), a atriz foi celebrada, aos gritos de "Sonia! Sonia!", no *red carpet*. Embora nunca tenham contracenado, Sonia e Al Pacino se conhecem há muitos anos, e ambos já prestigiaram estreias e filmes um do outro – ele assistiu, por exemplo, a *Tieta do Agreste* (1996), de Cacá Diegues. Na foto ao lado, Sonia contracena com Jennifer Lopez no longa-metragem *Cidade do silêncio* (2006), de Gregory Nava, cuja temática é denunciar uma série de assassinatos de mulheres que ocorreram ao longo de uma década na cidade mexicana de Juarez, fronteira com os Estados Unidos. Quase todas as vítimas eram jovens operárias das inúmeras fábricas de computadores e eletroeletrônicos norte-americanas. As moças eram submetidas a péssimas condições de trabalho e salários de miséria. No filme, a brasileira interpreta Teresa Casillas, uma ativista de direitos humanos.

FOTOS PHOTO 12/ALAMY/FOTOARENA E ALBERTO E. RODRIGUEZ/GETTY IMAGES

Nos anos 2010, o público pôde conferir a presença de Sonia Braga no cinema norte-americano, na televisão brasileira e em uma série de TV paga. A atriz interpretou a mãe de Mona, personagem de Jessica Alba – de quem ficou amiga –, no longa-metragem *Matemática do amor* (2010), de Marilyn Agrelo, que marcou o retorno da atriz às telonas após quatro anos (foto acima). A amizade entre as duas atrizes resultou em elogios mútuos. "Eu estava no Brasil muito calma, mas me chamaram para ser a mãe de Jessica Alba, portanto, abri o apartamento que tenho em Nova York. Jessica é um amor de pessoa, uma mulher linda, divina, e assumiu um grande risco ao fazer este filme, onde não se fala da beleza exterior", revelou a brasileira. Jessica afirmou que foi um privilégio contracenar com Sonia, que "tem uma paixão verdadeira pela arte, pelo amor e pela vida". No mesmo ano, foi ao ar sua participação no episódio *A adúltera da Urca*, da série *As cariocas* (TV Globo, 2010), em que ela interpreta Júlia, casada com Cacá, personagem de Antonio Fagundes (foto ao lado). Os nomes da ficção são uma homenagem a trabalhos anteriores do elenco e do diretor Daniel Filho. "Quando estávamos lendo o texto, resolvemos trocar o nome para Júlia. E, logicamente, se ela se chama Júlia, o Fagundes tem que se chamar Cacá", explicou Daniel sobre a referência ao casal da novela *Dancin' days* (1978), vivido pelos mesmos protagonistas.

FOTOS ACERVO SONIA BRAGA E TV GLOBO/IQUE ESTEVES

"As pessoas dizem que a câmera é apaixonada por mim. Não, não. Eu é que sou apaixonada por ela", definiu Sonia Braga em entrevista publicada no jornal *O Globo*, em 2011. A ideia do ensaio *fashion chic* (foto ao lado), assinado pelo fotógrafo Vicente de Paulo, surgiu da editora de moda Patricia Veiga, que havia conhecido Sonia no início dos anos 2000, na plateia de um desfile do brasileiro Carlos Miele em Nova York. Após o evento, um grupo mais animado seguiu para o bar do hotel Four Seasons, onde Patricia notou que todos os homens olhavam para Sonia. "Você sabe? Eu paguei todos eles para que fizessem isso", brincou a atriz. O magnetismo de Sonia foi reforçado na matéria, que saiu na capa do suplemento *Ela*, pelo depoimento do ator José Wilker, com quem protagonizou o longa-metragem *Dona Flor e seus dois maridos*: "Ela é mais do que qualquer grande estrela brasileira. Eu a vi vestida praticamente de *homeless* em Nova York, e ela atraía os mesmos olhares que certamente atraiu na passarela". Em 2010, Sonia posou para um de seus melhores amigos, o jornalista Mario Canivello, num ensaio (foto acima) para a revista *Modo de vida*, de Joyce Pascowitch. "Pedi para fotografá-la, e ela montou uma pequena produção na casa de Maria, sua irmã, em Niterói", revelou Canivello. "Era para ser um ou dois cliques, mas ficamos boa parte da tarde fotografando. Ela ama uma câmera."

FOTOS MARIO CANIVELLO E VICENTE DE PAULO

A convite do diretor Maurício Farias, em 2011, Sonia Braga fez uma participação na série *Tapas & beijos* (TV Globo), estrelada por Andrea Beltrão e Fernanda Torres. A atriz interpretou Helô Siqueira (foto acima), uma atriz geniosa que faz os preparativos para seu casamento com Júnior (Otávio Martins). Em 2012, Sonia prestigiou o baile pré-carnavalesco Siri na Lata, realizado no Clube Português do Recife. Com *look* vermelho e dourado (foto ao lado, abaixo), ela participou da festa, que homenageou o centenário de Nelson Rodrigues, autor do conto que inspirou um dos maiores sucessos da atriz no cinema, *A dama do lotação* (1978). A presença de Sonia no início dos anos 2010 no Brasil foi intensa. Aos 61 anos, ela desfilou pela primeira vez na São Paulo Fashion Week (foto ao lado, acima), apresentando a coleção Verão 2012 da estilista Adriana Degreas. Mais que desfilar, ela roubou a cena ao som de "Tigresa", de Caetano Veloso, numa *performance* que lembrou suas personagens mais sensuais. "As pessoas da minha faixa etária precisam ver essa mulher que seduz e é alegre e independente", explicou a atriz sobre a *persona* que criou para a passarela. Ela mostrou que mantém o domínio de cena e a sedução do público como poucas mulheres: tigresa, deusa, felina, menina... Sonia empolgou a plateia da semana de moda, levando vida, riso e aplausos para a sala escura dos desfiles.

FOTOS TV GLOBO/RENATO ROCHA MIRANDA, ARMANDO ARTONI E ACERVO ADRIANA DEGREAS

Dentro de uma foto pode haver uma vida inteira. O público norte-americano aplaudiu quando viu Sonia Braga dar um beijo em Caetano Veloso no palco do Grammy Latino 2012, em Las Vegas (foto acima). Poucos na plateia sabiam da amizade de décadas que une os dois artistas e da felicidade da atriz em estar ao lado dele naquele momento. "É uma homenagem tardia, mas muito importante. É uma honra poder acompanhá-lo. Caetano é um filósofo do cotidiano", disse Sonia na chegada ao evento. O cantor e compositor recebeu o prêmio de Persona do Ano por suas conquistas na indústria latina e dedicação a trabalhos filantrópicos. No ano seguinte, Sonia Braga foi uma das estrelas do Calendário Pirelli 2013, que teve o Rio de Janeiro como cenário. Além de algumas das principais modelos do mundo, como Karlie Kloss, Adriana Lima e Isabeli Fontana, o *casting* reuniu também grandes personalidades das artes, como Marisa Monte. Sonia foi uma escolha do fotojornalista Steve McCurry, que fez questão de tê-la entre as retratadas. Após o ensaio fotográfico no Parque Lage (foto ao lado), ele declarou: "Ah, Sonia! Só por este momento com você a viagem toda já valeu a pena". A ideia do calendário era celebrar mulheres além de sua beleza. McCurry escolheu mulheres que também eram conhecidas por seu trabalho de caridade e contribuições para suas comunidades: "Essas modelos estão vestidas. São pessoas com propósitos e idealistas".

Sonia Braga aparece em cena com a atriz Rose Abdoo (foto acima) no filme *Mamãe casamenteira* (2013), da diretora Patricia Cardoso. Sonia interpretou a protagonista Carmen Vega, uma mãe coruja e muito intrometida que insiste em engajar as filhas, Yolanda (Ana Ayora) e Ally (Mercedes Renard), em relacionamentos amorosos, sugerindo livros de autoajuda sobre como iniciar uma família. Mas os papéis se invertem quando as jovens resolvem manipular a mãe para sair com um professor de dança (Tony Plana). Na foto ao lado, Sonia é fotografada por uma criança, em 2014, durante o primeiro batizado de capoeira do Grupo São Bento no Forte de Santo Antônio Além do Carmo, em Salvador. Na ocasião, ela também participou da inauguração da Casa do Rio Vermelho. "Foi aqui onde conheci Jorge Amado, um homem que nunca esqueceu do seu povo. Estou muito feliz porque a casa está aberta ao público, e todos estão convidados para mergulhar nessa maravilhosa história", disse Sonia. A relação da atriz com a Bahia vem de longe – alguns de seus filmes mais famosos têm a Bahia como cenário, e ela fez muitos amigos baianos. Em 2008, Sonia foi homenageada com o título de cidadã soteropolitana por sua contribuição ao interpretar a personagem Gabriela, do romance *Gabriela, cravo e canela*, de Jorge Amado. Os festejos também marcaram os cinquenta anos da primeira publicação do livro. Saravá, Sonia!

FOTOS HALLMARK CHANNEL/COURTESY EVERETT COLLECTION/FOTOARENA E JORGE BIZZI

Na primeira edição do Prêmio Platino de Cinema Iberoamericano, realizado em 2014 na Cidade do Panamá, Sonia Braga recebeu o Platino de Honra pelo conjunto de sua obra e por sua contribuição ao cinema (foto acima). Emocionada durante a cerimônia, em que foi aplaudida de pé por 2.500 pessoas, a atriz dedicou o prêmio a José Wilker, que havia acabado de falecer: "Peço licença para dedicar este prêmio a esse grande ator latino-americano, meu amigo, meu companheiro de *Dona Flor e seus dois maridos*, que esta manhã nos deixou. Este é para ti, José, meu amor", declarou. Sonia ainda confessou ser uma privilegiada por ser a primeira atriz brasileira a receber o troféu. "Curti cada segundo que tenho ficado diante de uma câmera, mas, como o cinema não é uma arte solitária, compartilho esse privilégio com todos os que percorreram comigo esta trajetória da minha carreira... Longa vida a esses prêmios!", celebrou. Em 2016, a Marvel divulgou que Sonia iria integrar o elenco da série *Luke Cage* (Netflix). A atriz brasileira interpretou Soledad Temple, mãe da enfermeira Claire, vivida por Rosario Dawson (foto ao lado). "Uma personagem tão forte quanto a Claire precisa de uma mãe igualmente poderosa, e com Sonia nós encontramos a atriz perfeita para entregar a *performance* premiada de que precisamos", declarou Jeph Loeb, diretor da divisão de televisão da Marvel.

FOTOS NETFLIX/COURTESY EVERETT COLLECTION/FOTOARENA E ARNULFO FRANCO/AP PHOTO/IMAGEPLUS

2016 | FOTOS HENRIQUE GENDRE

REVISTA *SERAFINA*, SETEMBRO 2016 | ESTILO JOSÉ CAMARANO E NATHALIA GASTIM | BELEZA YOHEY NAKATSUKA (CABELO) E NEI CRUZ (MAQUIAGEM)

Os holofotes se voltaram para Sonia Braga, a equipe e o elenco do filme *Aquarius* (2016) na 69ª edição do Festival de Cannes. O longa-metragem, que foi selecionado para a mostra oficial e concorreu à Palma de Ouro, marcou um protesto internacional contra o *impeachment* da presidente Dilma Rousseff em pleno tapete vermelho, com câmeras do mundo inteiro apontadas para os artistas brasileiros. Eles levantaram folhas de papel com denúncias em francês e inglês, como: "Um golpe ocorre no Brasil", "Resistiremos" e "Brasil não é mais uma democracia". Na foto acima, Sonia protesta ao lado da atriz Maeve Jinkings, que interpreta sua filha no filme, e da produtora Emilie Lesclaux. Essa e outras imagens foram muito divulgadas na imprensa e nas redes sociais. Durante o evento, na *première* do filme *Elle*, de Paul Verhoeven, Sonia também chamou a atenção dos fotógrafos, mas por outro motivo. Vestida com um longo vermelho criado por ela mesma, fez uma pequena *performance* ao atravessar o *red carpet* (foto ao lado). A atriz posou para as lentes dos fotógrafos, movimentando o lenço vermelho como se pintasse o ar à sua volta: "Fiz uma instalação ao vivo. Aquilo foi um movimento artístico. Foi uma Lygia Clark que surgiu em mim e mexeu naquele véu. Eu não precisava ter feito aquilo em Cannes. Mas por que não também? Com tantos fotógrafos... Eu adoro! Porque todos estão trabalhando e um diverte o outro".

FOTOS DOMINIQUE CHARRIAU/WIREIMAGE/GETTY IMAGES E TRISTAN FEWINGS/GETTY IMAGES

O ano de 2016 foi um *turning point* na carreira de Sonia Braga após os 60 anos, com o filme *Aquarius*, de Kleber Mendonça Filho. A revista norte-americana *Variety* escreveu que o longa é "estrelado pela incomparável Sonia Braga". O jornal *O Estado de S. Paulo* afirmou que o filme "conta com elenco excepcional, no qual desponta uma Sonia Braga em estado de graça". O trabalho de Sonia, segundo a *Folha de S.Paulo*, é "uma entrega de corpo e alma. Uma compreensão de que um personagem não é só o que diz ou o que pensa, mas também, e sobretudo, um corpo". De acordo com o *site* Rotten Tomatoes, o filme é "guiado por uma poderosa *performance* de Sonia Braga". O portal Adoro Cinema traça um paralelo entre a escalação e a temática: "Mais do que simplesmente criar opostos, *Aquarius* quer tratar do valor da memória. Tal imagem está representada na própria protagonista. Estrela maior do cinema brasileiro nos anos 1980, Sonia Braga andava meio sumida. Seu resgate é não apenas uma imensa homenagem a tudo que fez pelo cinema nacional como também uma quebra de expectativa em relação ao que representou como símbolo sexual, potencializando o próprio conceito explorado pelo longa-metragem. Só que Sonia não se contenta apenas com este simbolismo automático e entrega uma das maiores atuações de sua carreira, fruto de uma complexidade emocional e ética impressionantes". Acima e ao lado, algumas cenas do filme.
FOTOS VICTOR JUCÁ/CINEMASCÓPIO

BOMBEIRO MILITAR
LIFE GUARD

A atuação em *Aquarius* rendeu a Sonia Braga mais de dez prêmios de Melhor Atriz, como os dos festivais de Lima, Biarritz, Mar del Plata e Havana, entre outros. A repercussão nacional e internacional de sua *performance* a levou a inúmeras premiações de cinema ao longo de todo o ano de 2016. Na 44ª edição do Festival de Cinema de Gramado, ela recebeu o troféu Oscarito pelo conjunto da obra e por sua contribuição ao cinema brasileiro. Na foto acima, Sonia atravessa o tapete vermelho; ao fundo, o diretor Kleber Mendonça Filho registra a cena com o celular, acompanhado por parte da equipe de *Aquarius*. "Ela é a minha musa eterna", disse o cineasta Bruno Barreto, diretor do longa-metragem *Dona Flor e seus dois maridos* (1976), ao chamá-la como a grande homenageada ao palco, após a exibição de depoimentos de artistas, como Cacá Diegues, Renata Sorrah e Caetano Veloso, sobre a relação deles com Sonia. No mesmo ano, a atriz esteve na Cidade do México, onde recebeu o prêmio Fenix Awards de Melhor Atriz (foto ao lado, acima), e Kleber Mendonça Filho, o de Melhor Direção por *Aquarius*. Em 2017, Sonia foi eleita a Melhor Atriz no Prêmio Platino de Cinema Iberoamericano. A cerimônia, que premiou o cineasta Pedro Almodóvar como Melhor Diretor por *Julieta*, e o ator Óscar Martínez como Melhor Ator por *O cidadão ilustre*, foi realizada em Madri (foto ao lado, abaixo).

FOTOS CLEITON THIELE/PRESSPHOTO, MIGUEL TOVAR/LATINCONTENT WO/ GETTY IMAGES E GTRES INFORMACIÓN MÁS COMUNICAIÓN ON LINE,S.L./ALAMY/FOTOARENA

FÉNIX
Sonia Braga
Actriz Brasileña - Nominada

TNT
RAMSES.LIFE
VOLVO
rtve
rtve

2017 | FOTOS PAULO VAINER

REVISTA *ELLE* BRASIL, EDIÇÃO DE COLECIONADOR , DEZEMBRO 2017 | CRIAÇÃO LUCIANO SCHMITZ | ESTILO MARCELL MAIA | BELEZA HELDER RODRIGUES

Em 2017, Sonia Braga esteve na Ocupação Povo Sem Medo de São Bernardo, ao lado da empresária Paula Lavigne, fundadora do movimento #342, dos artistas Caetano Veloso, Alinne Moraes e Letícia Sabatella, da cineasta Marina Person e dos políticos Guilherme Boulos e Eduardo Suplicy (foto acima). O ato celebrou os vinte anos do MTST (Movimento dos Trabalhadores Sem Terra) e o apoio à Ocupação Povo Sem Medo, que reunia 8 mil famílias em um terreno, abandonado há quarenta anos, para cobrar moradia. No entanto, o evento foi marcado pela proibição do show programado de Caetano Veloso. A multidão, mesmo assim, se reuniu em frente a um palco improvisado e iluminado pelas lanternas de celulares. O *show* foi remarcado para dezembro e anunciado por Sonia no Instagram do cantor: "Vai ter sim!". O ativismo de Sonia em defesa do meio ambiente a levou às ruas do Rio de Janeiro em 2019, num protesto organizado pelo movimento #342 Amazônia e pela rede Mídia Ninja (foto ao lado). Os manifestantes fizeram uma caminhada em defesa da Amazônia; entre eles, Caetano Veloso, Paula Lavigne e outros artistas. Nos cartazes, dizeres como "Não queime o nosso futuro" e "A Amazônia não aguenta mais". O ato criticou a política ambientalista do Governo Federal na gestão de Jair Bolsonaro. "As queimadas da Amazônia evidenciam a importância de fazer isso", disse Caetano Veloso, que cantou "Podres poderes" durante o ato.

FOTOS RAFAEL VILELA/MÍDIA NINJA

@342AMAZONIA

Amizade é coisa séria para Sonia Braga. Nestas duas páginas, estão alguns de seus amigos mais queridos e de longa data. Da esquerda para a direita e de cima para baixo: com o jornalista Mario Canivello; abraçada com o diretor criativo Daniel Pfeffer; ao lado do maquiador Nei Cruz; na companhia de sua irmã Maria Braga, da atriz Susana Ribeiro e do músico Mark Lambert, com quem compôs as músicas "Antes", "Praia Grande" e "I don't care"; com o jornalista João Rocha, que cuida do acervo da atriz; de cabelos totalmente brancos com seu cabeleireiro Helio de Sousa; com o diretor Daniel Filho, que a dirigiu na novela *Dancin' days* (TV Globo, 1978), no seriado *As cariocas* (TV Globo, 2010) e no filme *O casal* (1975); no meio de um abraço entre a empresária Paula Lavigne e o músico Caetano Veloso, sobre quem Sonia escreveu um artigo, publicado no jornal *O Globo*, para celebrar os 80 anos do cantor e compositor: "Algumas pessoas passam pela sua vida e deixam lembranças. Outras chegam para ficar para sempre. Sem querer, ou querendo demais, você acorda e dorme com doces memórias. Uma viagem, um trem das cores, o gosto da maçã. Uma voz que docemente te faz entender que você vem de Maringá, e que você é uma cabocla"; e, por último, em Nova York, ao lado do roteirista Mauricio Zacharias, que a conectou com o diretor Kleber Mendonça Filho e intermediou para que a atriz lesse e se apaixonasse pelo roteiro de *Aquarius* (2016).

FOTOS MARIO CANIVELLO, ACERVO SONIA BRAGA, HELIO DE SOUSA, JANETE LONGO, NEI CRUZ (FOTOS, MAQUIAGEM E CABELO) E SÉRGIO HUOLIVER

2019 | FOTOS HENRIQUE GENDRE

REVISTA *VOGUE* BRASIL, SETEMBRO 2019 | ESTILO JULIANA GIMENEZ | BELEZA NICOLAS ELDIN (CABELO) E INGEBORG (MAQUIAGEM)

Em 2019, Sonia Braga voltou aos cinemas com *Bacurau*, em mais uma parceria com Kleber Mendonça Filho e Juliano Dornelles, que assinou a direção de arte em *Aquarius* (2016). Em cena, a atriz foi ainda mais radical ao despir-se da vaidade – o que foi celebrado pela crítica no longa-metragem anterior, quando deu vida à jornalista aposentada Clara. No filme, que venceu o Prêmio do Júri no Festival de Cannes 2019, a atriz interpreta Domingas, única médica da região de Bacurau (nome fictício de uma cidade no sertão nordestino), e surge na tela com raízes de cabelo brancas e uma maquiagem que a envelhece. Segundo a crítica publicada no portal Terra, sua personagem é "a imagem da baixa autoestima. Acima de tudo isso está a interpretação vigorosa de Sonia Braga. Em suas poucas cenas, chega e arrebata". Nestas duas páginas, a atriz aparece no *set* de filmagens ao lado da cantora e compositora Lia de Itamaracá, e em cenas do filme com o ator Udo Kier e parte do elenco. Nas entrevistas de lançamento, Sonia dedicou o longa-metragem à vereadora Marielle Franco, brutalmente assassinada em março de 2018, enquanto eles rodavam o filme em Barra, no Rio Grande do Norte. "Carreguei essa dor da perda durante toda filmagem", revelou a atriz. "Algo aconteceu para que minha personagem carregue esse rosto de dor que tem durante o filme. Perdi uma amiga querida, alguém muito admirada: Marielle Franco foi assassinada."

FOTOS VICTOR JUCÁ E VICTOR JUCÁ/CINEMASCÓPIO

IFC IFC IFC IFC IFC
PARASITE - WINNER OF
4 ACADEMY AWARDS!
THE JESUS ROLLS
SWALLOW / BACURAU

Uma personagem inusitada no repertório de cinco décadas de carreira de Sonia Braga. Em 2020, ela integrou o elenco de *Fátima: história de um milagre*, do diretor Marco Pontecorvo. O filme conta a história de Jacinta, Francisco e Lúcia, três crianças pastorinhas portuguesas que testemunharam seis visões da Virgem Maria, entre os meses de maio e outubro de 1917, em plena Primeira Guerra Mundial. A trama se inicia quando Sonia, que interpreta a irmã Lúcia na fase adulta (foto acima), relembra os acontecimentos ao contar sua história ao professor Nichols (Harvey Keitel). "Além de procurarmos alguém que se parecesse fisicamente com Lúcia, queríamos uma atriz com a mesma alma. Se você analisar a alma da personagem, é a Sonia Braga. Colocamos os óculos, trabalhamos nos gestos e carregamos a maquiagem para poder fazê-la mais velha. Ela é uma atriz incrível e foi uma escolha perfeita", disse Pontecorvo, que foi diretor de fotografia de *Eros*, de Michelangelo Antonioni. Na página ao lado, Sonia aparece entre os diretores Kleber Mendonça Filho e Juliano Dornelles na estreia de *Bacurau* no Festival Internacional de Cinema de Nova York, em outubro de 2019. Na crítica sobre o filme publicada no jornal *The New York Times*, Manohla Dargis descreve Sonia como "única", e continua elogiando a atriz: "Uma cidade se vê lutando por sua própria existência. Ainda bem que Sonia Braga mora lá".

Em 2021, Sonia Braga apareceu com o cantor Lenny Kravitz à beira de uma piscina na República Dominicana (foto acima), no intervalo das filmagens de *Shotgun wedding* (*Casamento armado*, 2023), de Jason Moore, comédia romântica estrelada por Jennifer Lopez. "Abençoado por conhecer e trabalhar com você durante as filmagens de *Shotgun wedding*, Sonia Braga. Já sinto saudades", escreveu o cantor na legenda da foto em seu perfil no Instagram. No ano anterior, para celebrar seus 70 anos, Sonia publicou um autorretrato em suas redes sociais (foto ao lado), que teve grande repercussão. Ela surgiu de cabelos brancos, ondulados e volumosos: "Vou completar 70 anos, mais de 50 deles dedicados à arte... Às vezes, compartilho uma foto, um pedacinho do céu, e assim revelo o meu olhar e deixo entrever o que vai na minha alma. São apenas ensaios e um olhar diferente de um ponto de vista sem controle, sem censura, sem direção... Apenas o meu olhar, vendo o mundo com amor e esperança". Sobre os cabelos brancos, ela declarou em entrevista à imprensa: "Não ter que pintar o cabelo é um símbolo de liberdade... Não estou dizendo que jamais volte ao cabelo negro, porque não suporto peruca... Mas, se você me vir de cabelo preto, é porque há uma razão muito especial. Acho que o cabelo branco combina mais comigo". Mais uma vez, a atriz transgrediu o padrão que impõe juventude eterna às mulheres e mostrou a beleza atemporal.

FOTOS KAREN GAULT E SONIA BRAGA

2020 | FOTO SONIA BRAGA

Até os anos 2010, estrelar capas de revistas era uma das principais provas do poder de influência de uma personalidade. Ocupando o panteão dos grandes nomes do mercado editorial brasileiro, Sonia Braga estampou mais de cem publicações nacionais e internacionais. Já no início da carreira, aos 24 anos, posou para sua primeira capa, da *Ele Ela* (1974), num contexto em que as revistas masculinas começavam a ganhar relevância no mercado. Poucos anos depois, a *Vogue* brasileira (1978) apresentou a atriz como *cover girl*, com fotos de seu então companheiro Antonio Guerreiro, sob a afirmação: "O Brasil tem um novo mito". Desde então, estrelou o ensaio de capa da *Playboy* italiana (1984) e da edição brasileira (1984 e 1986). Embora sua sensualidade quase sempre fosse exaltada, eram seus trabalhos que motivavam os convites. Quase todas as capas são atreladas às estreias de filmes e novelas dos quais participou. A atriz foi destaque da *Veja* (1978) e da *Interview* brasileira (1979), por ocasião do estrondoso sucesso do filme *A dama do lotação*, e da *Elle* brasileira (2017), por sua elogiada *performance* no longa *Aquarius*. Declaradamente apaixonada por fotografia, a atriz foi clicada por alguns dos grandes fotógrafos do Brasil e do mundo, entre eles o brasileiro Bob Wolfenson (*Playboy*, 1986), o norte-americano Steven Meisel (*Vogue*, 1986) e o suíço Michel Comte (*Vogue*, 1991).

IMAGENS ACERVO SONIA BRAGA

CULTURA!Brasileiros 03
SONIA BRAGA E KLEBER MENDONÇA FILHO

SENHOR
Os empresários dão conselhos a Telê
Uma entrevista com Seabra Fagundes
O CINEMA BRASILEIRO, DE CARMEM MIRANDA A SONIA BRAGA
Vale a pena investir em filmes nacionais?
Nossas produções fazem sucesso no exterior?

VOGUE BRASIL
3º Aniversário
SÔNIA BRAGA, nossa camisa número 10!

VOGUE
COM.BR
SONIA BRAGA

A ENTREVISTA MAIS CORAJOSA DE EDUARDO SUPLICY!
PLAYBOY
MAIS DESLUMBRANTE DO QUE EM "MULHER ARANHA"
SÔNIA BRAGA
APRESENTADA POR JORGE AMADO
A NUDEZ DE PATRICIA PAULA, A MADONNA CARIOCA
VIDEO: OS BASTIDORES DOS TAPES ERÓTICOS BRASILEIROS
AS MEMÓRIAS DE SAMUEL WAINER: SALVE-SE QUEM PUDER!
MÉXICO: A COPA QUE SÓ LUÍS FERNANDO VERÍSSIMO VIU
AS GAROTAS DO LUXUOSO CALENDÁRIO DA PIRELLI
UM CONTO INÉDITO DO PRÊMIO NOBEL ISAAC B. SINGER
VOCÊ PODE FICAR EM FORMA COM MENOS ESFORÇO DO QUE IMAGINA
MADE IN BRAZIL: ·OS CARROS FORA DE SÉRIE ·A SEU ALCANCE OS SAPATOS QUE FAZEM SUCESSO LÁ FORA
TESTE: OS MELHORES VINHOS TINTOS DO BRASIL
ROCK: UM PAPO COM O RPM E, AINDA, MUITO MAIS DESDOBRANDO A CAPA...

INTERVIEW
JORNAL MENSAL ARTE DIVERSÃO MODA SOCIEDADE
Nº14/MARÇO/1979
KARL LAGERFELD
MODA RIO
NOVA AMÉRICA
JEANNE MOREAU
IBRAHIM SUED
GEORGE HARRISON
FERNANDA MONTENEGRO
NORMAN MAILER
SONIA BRAGA DESABAFA

VOGUE
Sônia Braga de corpo e alma.
o idealismo de Sybilla, Kurosawa em casa
arte na Bienal e os melhores fotógrafos do mundo.

TPM
DIEGO FALA!
IMAGEM NÃO É TUDO
SONIA BRAGA

Gente

NOVA

REFORMAS: QUAIS? QUANDO?
veja
SÔNIA BRAGA
Uma mulher para o Brasil

ele ela
O super poster de Sônia Braga
O que há de novo no front do sexo?
James Dean, o mito que venceu o tempo
Psicomovimento, a verdade de cada um

STATUS
O VERÃO NAS ONDAS DE SÔNIA BRAGA, A MULHER DO ANO

ELLE
BRASIL
EDIÇÃO DE COLECIONADOR MODA & ARTE
SONIA BRAGA
EM "MONA LISA", DE LEONARDO DA VINCI

FOLHA DE S.PAULO
Sonia Braga, 60
serafina

Para inspirar o processo criativo da novela *Gabriela* (TV Globo, 1975), baseada no romance de Jorge Amado, o diretor Walter Avancini e sua equipe contaram com a colaboração dos artistas Aldemir Martins (acima) e Carybé (ao lado), que já haviam ilustrado obras do escritor baiano. A partir das pinturas desses mestres, foram feitas a abertura e a direção de arte da telenovela. Os cenógrafos Mário Monteiro e Gilberto Vigna projetaram a cidade cenográfica, que retratava a Ilhéus de 1925, período em que se passa a história. Entre as imagens criadas por Carybé, está a inspiração para o figurino da protagonista. Trata-se de "um vestido como cartola de mágico", como se de um lenço se desmanchasse um mundo de véus. No croqui, ao lado, um vestido branco e comportado que se transforma e exalta a sensualidade, numa ilusão que revela e esconde. "Isto é ofício de costureiro e só dou a sugestão", desculpa-se o artista nas anotações. O figurino da novela, assinado por Marilia Carneiro, marcou a história da teledramaturgia. Em depoimento ao livro *No camarim das oito* (Senac, 2003), da figurinista, Sonia Braga relembrou a revolução estética provocada na época: "A novela fez deslanchar nosso processo de desprendimento de outras culturas. Foi uma declaração de amor a nós mesmos. Passamos a nos vestir e a nos despir como brasileiros. Foi o momento em que tiramos a capa de Humphrey Bogart e mostramos nosso bronzeado, a nossa sensualidade".

Na cena de Gabriela entrando no
Termo depois do baile ela deveria
usar vestido como certo
de mágico, quero dizer, de um lenço
o mágico tira trezentas bandeirolas e
o vestido deve transformar-se num mar
de véus e fitas. Talvez um vestido
com laços que ao desmanchar-se
formem um mundo de véus, mas
Isto é ofício de costureiro e só dou a sugestão.

"One of the sexiest movies around"
—Liz Smith, Syndicated Columnist
"Marvelously funny"
—Time Magazine
JORGE AMADO'S
DONA FLOR
and her two husbands
Directed by BRUNO BARRETO Starring Sonia Braga, Jose Wilker and
Mauro Mendonca. Music by Chico Buarque.
A CARNAVAL / NEW YORKER FILMS RELEASE
R

Sonia Braga acabara de se consagrar como grande protagonista de novelas, com o sucesso de *Gabriela* (1975), quando estreou nos cinemas mais uma obra de Jorge Amado. O filme *Dona Flor e seus dois maridos* (1976), dirigido por Bruno Barreto, foi recordista de público no cinema brasileiro por 34 anos, levando mais de 10 milhões de espectadores às salas de exibição. Nos primeiros minutos do longa-metragem, Dona Flor (Sonia Braga) surge correndo pelas ruas de Salvador, como quem tenta salvar alguém, e encontra num bloco de carnaval o seu marido, Vadinho (José Wilker), já sem vida. A cena da protagonista feminina mais famosa do cinema nacional desesperada com o marido morto em seus braços ao som de "O que será" – canção composta especialmente para o filme, com trilha assinada por Chico Buarque e Francis Hime – entrou para a história do audiovisual. Indicado ao Globo de Ouro na categoria Melhor Filme Estrangeiro, o longa impulsionou a carreira internacional de Sonia, que disputou o prêmio de Atriz Revelação no Bafta (1981), principal premiação britânica das artes cinematográficas. Acima e ao lado, respectivamente, os cartazes do filme, com ilustrações de Benício (Brasil) e Page Wood (EUA). Para o crítico Jack Kroll, que escreveu sobre a atriz para a revista *Newsweek*, em 1978, e a comparou a Sophia Loren, "Braga é a maior e mais popular estrela brasileira desde que Pelé dominou os campos de futebol do mundo".

IMAGENS ACERVO SONIA BRAGA

Um dos rostos mais conhecidos do Brasil e atriz em ascensão no cinema mundial, Sonia Braga foi convidada – logo após estrelar o longa-metragem *A dama do lotação* (1978), dirigido por Neville D'Almeida – para protagonizar uma campanha para a marca francesa de óculos Camargue (imagem acima). Era sua estreia no mercado publicitário internacional. A atriz dividia o posto de garota-propaganda com a modelo e atriz norte-americana Marisa Berenson. As duas foram fotografadas em um estúdio no Rio de Janeiro por Antonio Guerreiro, então marido de Sonia. Alguns anos depois, em 1986, após a estreia do bem-sucedido filme *O beijo da Mulher Aranha* (1985), de Hector Babenco, ela estrelou outro grande anúncio de *eyewear*, sendo convidada para o *casting* de uma icônica campanha de óculos da marca norte-americana l.a.Eyeworks (imagem ao lado). Sob o *slogan* "*A face is like a work of art. It deserves a great frame*" ("O rosto é como uma obra de arte. Merece uma bela moldura"), a grife reuniu um time de estrelas internacionais da música, do cinema e das artes plásticas, entre elas: Andy Warhol, Chaka Khan, Debbie Harry, Elton John, Frank Zappa, Grace Jones, Iman, Jodie Foster, Lenny Kravitz, Marina Abramovic, Nina Hagen, RuPaul e Sharon Stone. Todos fotografados por Greg Gorman. Sonia foi a única brasileira nesse seleto grupo, que celebrava consagrados artistas da vanguarda.

IMAGENS ACERVO SONIA BRAGA E GREG GORMAN/L.A.EYEWORKS

Designers of limited edition frames for sunglasses and prescription eyewear

l.a.Eyeworks®

Face: Sonia Braga. Frame: Braga. Hair & Make-Up: Alfonso Noe for Cloutier, LA.
Photographer: Greg Gorman. ©1986, l.a.Eyeworks. www.laeyeworks.com

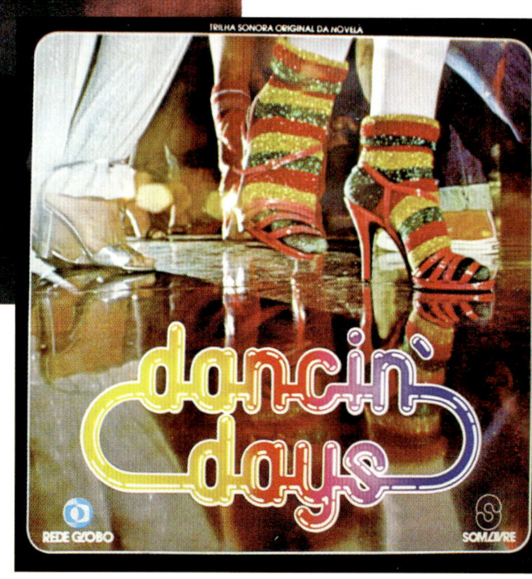

"Não sei porque em nossa época não se dá um passo sem esbarrar, sem tropeçar numa Sonia. Eu me arriscaria a profetizar que daqui a duzentos anos os historiadores irão falar dos nossos dias como a época de Sonia Braga", escreveu Nelson Rodrigues, no fotolivro *Sonia Braga* (Morumbi, 1982), de Antonio Guerreiro (imagens ao lado). O dramaturgo tinha razão. Em 1978, Sonia protagonizou a novela *Dancin' days* (TV Globo) como a ex-presidiária Júlia Matos e marcou a história da televisão e da moda com a cena em que a personagem faz seu retorno à liberdade, dançando livre e vestida com calça esportiva, bustiê tomara-que-caia e sandália de salto inusitadamente combinada com meias de lurex (imagens acima). O estilo virou moda em todo o país. Na página ao lado, o resultado de uma profunda paixão entre a atriz, a câmera e seu então marido, Antonio Guerreiro. O romance durou dois anos, porém, com seu olhar afiado de grande fotógrafo que era, Guerreiro retratou com deleite sua companheira. São dele os principais registros da atriz nos anos 1970 e 1980, sobretudo se considerarmos os momentos descontraídos em casa, no Rio, no refúgio do casal em Paraty ou nas viagens por Portugal, Espanha, França e Estados Unidos. Com direção de arte de Lielzo Azambuja, o livro reúne 212 imagens e teve tiragem esgotada de 100 mil exemplares. No Rio, o fotolivro sofreu censura e foi recolhido das bancas, porém voltou a ser vendido.

IMAGENS ACERVO SONIA BRAGA

SONIA BRAGA
ANTONIO GUERREIRO

SONIA BRAGA
ESPECIAL
ANTONIO GUERREIRO

Banheira do hotel DU LEVANT - Paris
18
Paraty depois do banho
19

2 babados
ne gligé renda preta -

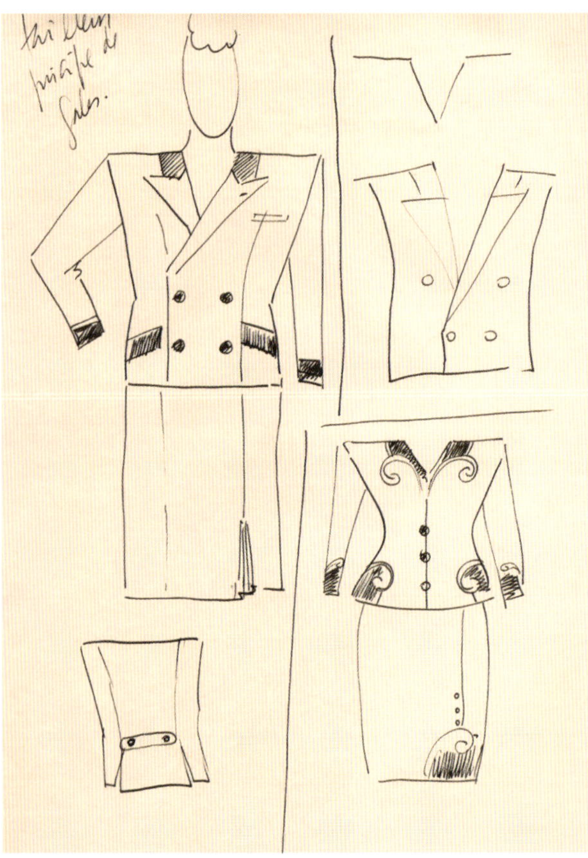

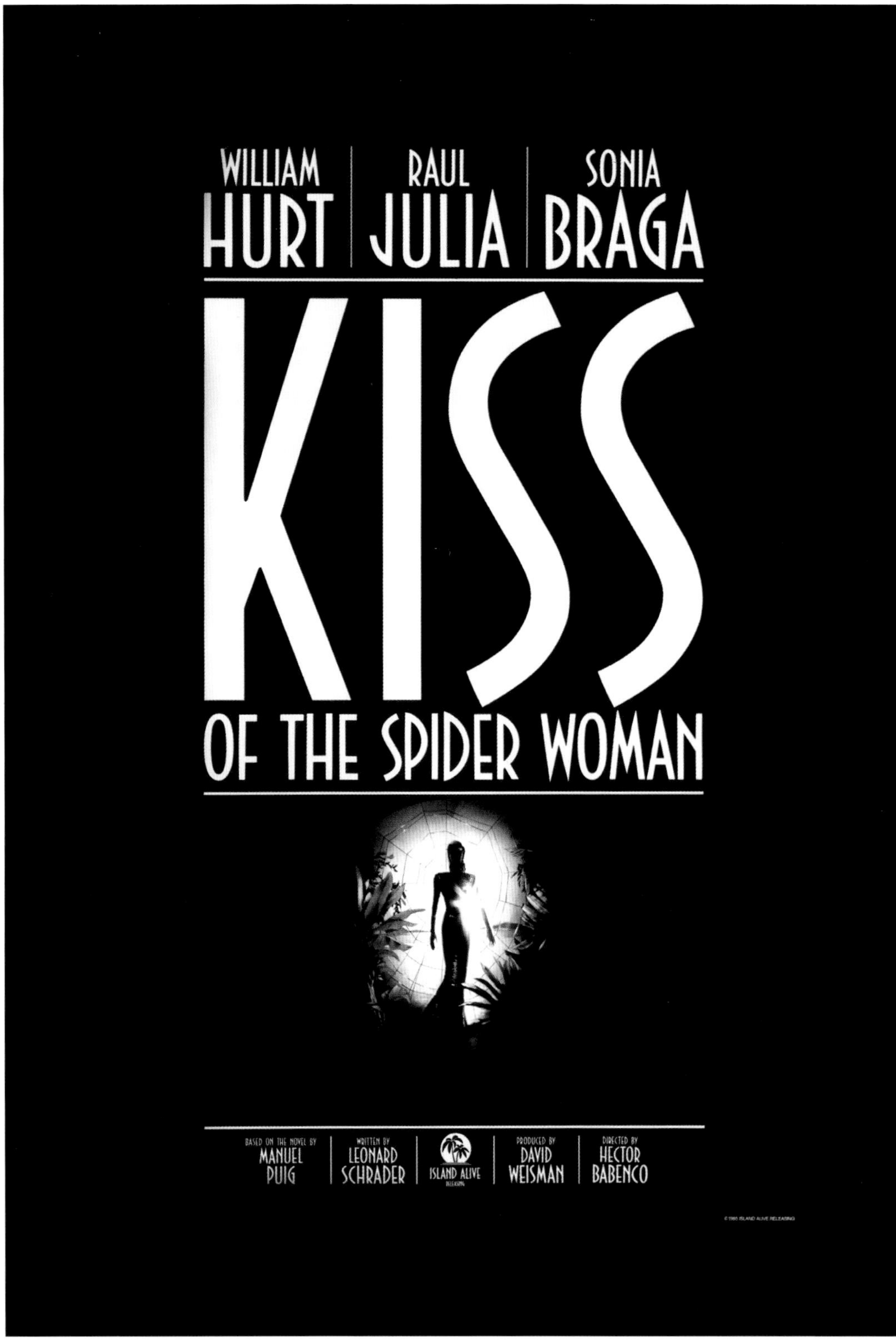

"Era uma vez, em uma ilha tropical distante, vivia uma mulher estranha. Ela usava um vestido longo preto de lamê que lhe caía como uma luva." Assim Molina, personagem de William Hurt, narra para o preso político Valentín (Raul Julia) a mítica cena de Sonia Braga que dá nome ao filme *O beijo da Mulher Aranha* (1985), de Hector Babenco. O traje, costurado pela mãe da atriz, Zezé Braga, e criado pelo artista Patricio Bisso, tornou-se um dos ícones do cinema e hoje compõe o acervo do Museu do Oscar, em Los Angeles. Na página ao lado, o vestido famoso e alguns croquis do figurino. A silhueta marcante da personagem-título é destaque no pôster acima, assinado por Richard Mahon. Inicialmente, o cineasta havia convidado Sonia para viver somente a personagem Marta. A atriz, que havia acabado de rodar *Gabriela, cravo e canela* (1983), longa-metragem dirigido por Bruno Barreto, imediatamente aceitou o papel. Mas a parceria entre Babenco e Sonia foi de tal intensidade que ela acabou interpretando não apenas uma, mas três personagens: Leni Lamaison, Marta e Mulher Aranha. *Kiss of Spider Woman*, nome em inglês, teve uma carreira brilhante no exterior e foi indicado a nada menos que quatro Oscars. Sonia, que concorreu ao Globo de Ouro de Melhor Atriz, declarou, em 2016: "O filme não só resultou numa virada em minha carreira, como também consolidou meu nome internacionalmente. Foi um incrível presente que ganhei de Babenco".

IMAGENS ACERVO SONIA BRAGA E JOSHUA WHITE, JW PICTURES/© ACADEMY MUSEUM FOUNDATION

Em 1977, Sonia participou de uma revolucionária campanha de lançamento da Fiat no Brasil, que convidou os leitores das revistas *Status* e *Mais* a escolherem a cor do modelo Fiat 147, o primeiro carro da montadora italiana produzido no Brasil. A atriz aparecia em sete fotos, feitas por Antonio Guerreiro, combinando suas roupas às cores do veículo. Os leitores elegeram o branco, exibido na imagem acima, que mostra Sonia em uma praia com um vestido tomara que caia e flor no cabelo na mesma cor. Aproximadamente uma década depois, em 1988, Sonia participou de outra importante campanha da história da publicidade, que elevou os anúncios de sabonete à categoria de objeto de desejo. A Lux Luxo reuniu um time de estrelas, que trazia também Malu Mader, Maitê Proença e Debora Bloch. No filme publicitário, o narrador diz: "Sonia escolhe os filmes que faz com cuidado, como escolhe o sabonete que toca sua pele". Em cena ambientada num *loft* – no qual se vê uma obra feita por Miro pendurada, em que Sonia aparece enrolada na bandeira do Brasil (imagem ao lado) –, ela chega em casa vestida com um casaco de pele, relaxa numa banheira e surge, ao final, como diva numa noite de *jazz* em Nova York. Em 1991, a atriz foi uma das protagonistas da campanha internacional *Portraits*, da American Express (imagem acima, no alto), assinada pela renomada fotógrafa norte-americana Annie Leibovitz.

IMAGENS ACERVO SONIA BRAGA E MIRO/ACERVO SONIA BRAGA

Zezé,
A basque pode
ser forrada mas
não muito dura
e do jeito que
êle desenhou.
Tem que cair
macia.
Quanto à
camisa, tem
que ser uma
camisa de
homem. Não
se envergonhe
de perguntar
tudo que for
necessário.
Arranjou a
menina pra
te ajudar?
Beijos
Marília
e
Albert.
P.S. Vão aí
15.000 que era
tudo que a
gente tinha
na filmagem.

Mais uma vez, Zezé Braga foi a responsável pela execução dos figurinos da filha. Sonia usou trajes costurados pela mãe também na comédia *Luar sobre Parador* (1988), de Paul Mazursky. A produção norte-americana foi rodada em quatro locações: Rio de Janeiro, Salvador, Ouro Preto e Nova York. Esse foi o segundo de quatro filmes que Sonia e Raul Julia atuaram juntos. Além de *O beijo da Mulher Aranha* (1985), os dois trabalharam em *Rookie: um profissional do perigo* (1990) e *Amazônia em chamas* (1994). Ambos foram indicados ao Globo de Ouro por *Luar sobre Parador*, que teve direção de arte do brasileiro Marcos Flaksman e pôster de Drew Struzan (imagem acima). Os figurinos e croquis são de Albert Wolsky, com colaboração de Marilia Carneiro, que nos desenhos descrevia em detalhes as orientações para a mãe da atriz (imagem ao lado). Os recados da figurinista brasileira, sempre com carga de afeto e profissionalismo ("Não se envergonhe de perguntar tudo o que for necessário. Arranjou a menina para te ajudar?... Beijos, Marilia e Albert"), traziam informações sobre a modelagem ("A basque pode ser forrada, mas não muito dura e do jeito que ele desenhou") e também sobre o orçamento ("PS.: Vão aí 15.000, que era tudo o que a gente tinha na filmagem"). A parceria entre Sonia, Zezé e Marilia vinha de longa data, já que a figurinista assinou grandes sucessos da atriz, como as novelas *Gabriela* e *Dancin' days*, da TV Globo.

IMAGENS ACERVO SONIA BRAGA

O escritor mais próximo de Sonia Braga, Jorge Amado, descreveu a atriz como "a expressão mais reconhecida e popular da arte de representar em nossa terra: cinema, teatro, televisão". Ele tinha razão, mas talvez tenha faltado mencionar ainda a música e as artes plásticas, já que ela foi tema de grandes artistas. Ivald Granato pintou em tinta acrílica e Berol uma fotografia de Sonia (ao lado, no alto). O retrato, que compõe uma série com grandes nomes, entre eles Oscar Niemeyer e Tom Jobim, foi publicado no livro *Gesture and art* (Francis, 2017), de Ivald Granato e Jacob Klintowitz. A atriz também inspirou Wesley Duke Lee, que criou um quadro, com técnicas mistas, em que Sonia aparece refletida em um lago (ao lado, abaixo). "No quadro, usei a curva francesa para expressar a sensualidade da atriz; os pontos cardeais indicam que ela não se enquadra, se amplia sempre e tem um espaço a tomar", declarou o artista. A obra ganhou o nome simbólico de *A iniciação do mito Narcissus* e foi publicada na revista *Playboy* brasileira (1981). Sonia foi a inspiração de Caetano Veloso para compor "Trem das cores", depois de uma viagem de trem que fizeram juntos entre Rio e São Paulo. O artista plástico Luiz Zerbini se inspirou na canção e pintou o retrato acima, *Para Sonia*, em acrílico sobre papel, a convite do *designer* Felipe Taborda, para o livro *A imagem do som de Caetano Veloso* (Francisco Alves, 1998).

IMAGENS ACERVO IVALD GRANATO/@ACERVOIVALDGRANATO, WESLEY DUKE LEE ART INSTITUTE E PAT KILGORE/ACERVO LUIZ ZERBINI

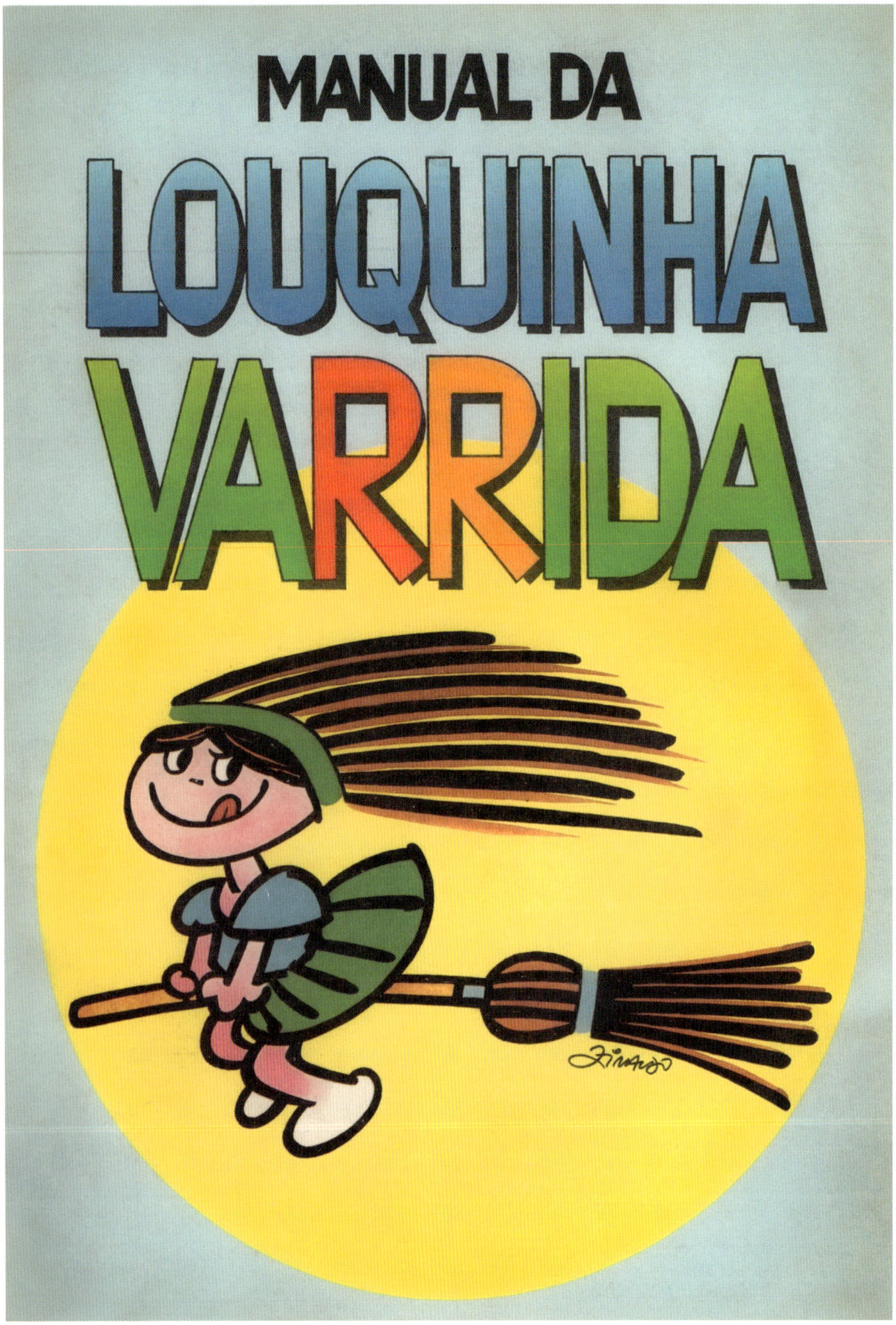

Em 1995, Sonia Braga foi uma das fundadoras do movimento Loucos Varridos, um grupo comunitário de trabalho de limpeza da cidade do Rio de Janeiro. O intuito era chamar a atenção das autoridades e da população para a sujeira da cidade, assim como conscientizar os cariocas sobre a importância da preservação dos espaços públicos. O projeto, liderado pela atriz, ganhou apoio da prefeitura do Rio de Janeiro e promoveu ações em locais como a praia de Ramos, uma das mais poluídas da cidade, entre outras. Vestida de gari da Comlurb e com vassoura em punho, Sonia varreu a praça Senador Salgado Filho, em frente ao Aeroporto Santos Dumont, e deu visibilidade à causa. O movimento inspirou a criação do *Manual da Louquinha Varrida* (1995), uma cartilha dedicada à educação de crianças a respeito do lixo, com ilustração de Ziraldo na capa (acima) e desenhos e texto de Mig no miolo. Lançada no Centro Cultural Banco do Brasil, teve tiragem de 10 mil exemplares para distribuição em escolas da cidade pela Secretaria Municipal de Educação. Os personagens infantis de gibis, livros e HQs são uma das paixões da atriz. Ela adora Mafalda, de Quino, por exemplo. Em 2008, Sonia criou a personagem Sonbrinha, uma blogueira viajante e muito antenada com as causas do meio ambiente e da cidadania, com ilustrações de seu irmão Helio Braga (página ao lado). O projeto virtual tinha textos escritos pela atriz, mas o *blog* acabou não indo ao ar.

IMAGENS ACERVO SONIA BRAGA

cadê meu
cappuccinozzinho

Conhecida por criar imagens de beleza etérea de moda, que povoaram revistas como a *W*, *V*, *Grey* e diversas edições da *Vogue* a partir dos anos 1970, a fotógrafa norte-americana Deborah Turbeville apresentou no livro *Casa No Name* (Rizzoli, 2009) sua visão do realismo mágico latino-americano. Na publicação, ela reúne a memória pictórica, desde 1985, da casa que ela teve em San Miguel, interior do México. São 240 páginas que celebram a brilhante imaginação da fotógrafa e a misticidade do país. Um dos ensaios foi protagonizado por Sonia Braga. A brasileira surge rodopiando como um dervixe no pátio interno da residência desgastada pelo tempo. Seus longos cabelos negros giram no ar como uma extensão dos movimentos do corpo e do vento. Algumas imagens do ensaio foram publicadas na revista norte-americana *Mirabella*, em 1991. Nas páginas, Richard Flood tenta desvendar o segredo do sucesso da atriz: "Enquanto seu corpo é definitivamente sempre tratado como o principal evento (dos filmes), é seu rosto que oferece a chave do carisma de Braga. Sereno e confuso, emoldurado por uma luxuriante auréola de cabelos elétricos, o rosto de Braga é gloriosamente livre de ambiguidades. Ela interpreta uma emoção num momento, mas essa emoção pode mudar tão rápido quanto a direção de um tornado. A passagem de virgem para voluptuosa pode levar apenas uma fração de segundo, mas as duas nunca coexistem".

IMAGENS ACERVO SONIA BRAGA

EMILIE LESCLAUX,
SAÏD BEN SAÏD & MICHEL MERKT
PRESENT
SONIA BRAGA
OFFICIAL SELECTION
COMPETITION
FESTIVAL DE CANNES
AQUARIUS
A FILM BY
KLEBER MENDONÇA FILHO

A estreia de *Aquarius* (2016), dirigido por Kleber Mendonça Filho, foi outro marco na carreira de Sonia Braga. O crítico A. O. Scott, do jornal *The New York Times*, ao justificar a escolha da atriz para a lista dos 25 maiores atores do século XXI, escreveu: "Somente uma artista com a autoconfiança absoluta de Braga, sua indiferença heroica ao que qualquer outra pessoa pensa dela, poderia dar vida a Clara". Quando o roteiro chegou às mãos de Sonia, ela vinha se dedicando cada vez mais à fotografia. O encontro com a personagem, porém, a fez se sentir adolescente de novo e lhe deu voz. "Sentia que o roteiro, que começa nos anos 1980, no momento que venho para os EUA, dava sentido para tudo que eu tinha vivido", afirmou a atriz à revista *Vice*. Foi sua primeira protagonista absoluta. "Nunca tive um filme com um papel principal de verdade. Mesmo *Dona Flor e seus dois maridos*, e outros longas que fiz, era muito dividido o protagonismo", declarou. Com *Aquarius*, Sonia venceu como Melhor Atriz em diversos festivais, entre eles os de Havana e Biarritz. O filme, cujo pôster traz foto de Victor Jucá (página ao lado), concorreu à Palma de Ouro no Festival de Cannes. No ano seguinte, Sonia estreou o longa-metragem *Extraordinário* (2017), de Stephen Chbosky, em que interpreta a avó Grans, mãe de Isabel (Julia Roberts). Acima, um dos pôsteres do filme, em que ela surge numa ilustração inspirada nos traços do *designer* Tad Carpenter.

IMAGENS LE CERCLE NOIR FOR FIDELIO E PARIS FILMES

A parceria entre Sonia Braga e o estilista norte-americano Narciso Rodriguez pode ser traduzida nas aparições públicas mais marcantes da atriz nos últimos anos e nestes croquis em preto e vermelho. O *designer* assinou o *look* usado por ela na estreia de *Aquarius* (2016). No *red carpet* de Cannes, Sonia roubou a cena protestando politicamente num longo vinho criado por ele: "Narciso Rodriguez criou meu vestido para o tapete vermelho. No meio da festa do filme, recebi uma mensagem dele dizendo que me curtiu na *montée des marches*. Sabe, essas coisas ainda me emocionam". A maratona de eventos para o lançamento do filme de Kleber Mendonça Filho foi tão intensa que Sonia brincou em uma entrevista, reforçando sua predileção pelo amigo estilista: "Haja vestido! Espero alguns Narciso Rodriguez, que é o meu predileto. Só uso '*by* Braga' quando não tem Narciso". E foi sincera. Em uma noite de gala, quando não está com um *look* do designer, a atriz veste suas próprias criações. "Sou uma mulher muito visual. E sou meio estilista, adoro me produzir", contou. Em 2007, ela usou uma criação de Narciso (croqui vermelho) para o jantar em homenagem a Al Pacino, quando o ator recebeu o AFI Life Achievement Award, em Los Angeles. Em 2016, usou o mesmo *look* na *première* do filme de Kleber Mendonça Filho, no Rio de Janeiro, mostrando que repetir roupa é uma atitude não só elegante, mas também sustentável.

IMAGENS ACERVO SONIA BRAGA

No final de 2020, Sonia Braga integrou a lista dos "25 maiores atores do século XXI – até o momento", segundo os críticos de cinema Manohla Dargis e A. O. Scott, do jornal *The New York Times.* Ela é a única brasileira ao lado de nomes como Denzel Washington, Isabelle Huppert, Viola Davis e Willem Dafoe. Nos textos, os críticos destacaram as atuações de Sonia em *Aquarius* (2016) e *Bacurau* (2019), no qual ela interpreta a médica Domingas. "Um papel cômico e sem glamour que ninguém mais poderia ter desempenhado com tanta profundidade e graça", escreveu Scott. Para Sonia, Domingas é uma mulher sem filtros, que chega e fala tudo o que pensa. "Gostaria que as pessoas se inspirassem na Domingas. Estou de saco cheio de ter que ficar contornando a verdade", comentou em entrevista ao portal *Uol.* Dirigido por Kleber Mendonça Filho e Juliano Dornelles, *Bacurau* ganhou o Prêmio do Júri no Festival de Cannes. Acima e na página ao lado, algumas das versões de cartazes do filme, ilustrados pelos artistas Thiago Rocha Miranda (Brasil) e Tony Stella (EUA), sendo que este último destacou as imagens de Udo Kier e da atriz – os nomes mais conhecidos no mercado norte-americano – em meio aos personagens da trama. Com direção de fotografia de Pedro Sotero e direção de arte de Thales Junqueira, o filme também foi um marco na carreira da atriz, que foi capa da revista *Vogue* brasileira, revelando seus cabelos brancos e quebrando mais um tabu.

IMAGENS VITRINE FILMES E KINO LORBER

"A PERFECT BLEND OF BLISTERING SOCIAL COMMENTARY AND ILLICIT GENRE-FLICK THRILLS."
– ROLLING STONE

BÁRBARA COLEN THOMÁS AQUINO SILVERO PEREIRA KARINE TELES

with the special participation of SONIA BRAGA and UDO KIER

BACURAU

A FILM BY KLEBER MENDONÇA FILHO AND JULIANO DORNELLES

WRITTEN AND DIRECTED BY KLEBER MENDONÇA FILHO AND JULIANO DORNELLES PRODUCED BY ÉMILIE LESCLAUX SAÏD BEN SAÏD AND MICHEL MERKT WITH BÁRBARA COLEN THOMÁS AQUINO SILVERO PEREIRA
WITH THE SPECIAL PARTICIPATION OF SONIA BRAGA AS DOMINGAS AND UDO KIER AS MICHAEL CINEMATOGRAPHER PEDRO SOTERO EDITOR EDUARDO SERRANO COSTUME DESIGNER RITA AZEVEDO SOUND NICOLAS HALLET RICARDO CUTZ CYRIL HOLTZ ORIGINAL SCORE MATEUS ALVES AND TOMAZ ALVES SOUZA PRODUCTION DESIGNER THALES JUNQUEIRA CASTING MARCELO CAETANO ASSOCIATE PRODUCERS CARLOS DIEGUES KEVIN CHNEIWEISS KATERYNA MERKT TIAGO MELO
EXECUTIVE PRODUCER DORA AMORIM A FRENCH BRAZILIAN CO-PRODUCTION CINEMASCÓPIO PRODUÇÕES SBS PRODUCTIONS IN CO-PRODUCTION WITH GLOBO FILMES SIMIO FILMES ARTE FRANCE CINEMA TELECINE CANAL BRASIL WITH THE PARTICIPATION OF ARTE FRANCE AND L'AIDE AUX CINÉMAS DU MONDE CENTRE NATIONAL DU CINÉMA ET DE L'IMAGE ANIMÉE INSTITUT FRANÇAIS WITH THE SUPPORT OF ANCINE FSA BRDE PETROBRAS
AND GOVERNO DO ESTADO/SECRETARIA DE CULTURA FUNDARPE FUNCULTURA

KINO LORBER

1986 | FOTO MICHAEL O'BRIEN/ACERVO SONIA BRAGA

CRONOLOGIA PROFISSIONAL SONIA BRAGA

1964 – Programa *Jardim encantado*, TV Tupi
1966 – Programa *O pequeno mundo de Ronnie Von*, TV Record
1967 – Filme *Atenção, perigo!*, de José Rubens Siqueira
1968 – Filme *O bandido da luz vermelha*, de Rogério Sganzerla
1968 – Peça *Jorge Dandin*, de Heleny Guariba
1968 – Campanha bicicleta Caloi
1969 – Peça *Hair*, de Ademar Guerra
1970 – Filme *A Moreninha*, de Glauco Mirko Laurelli
1970 – Filme *Cleo e Daniel*, de Roberto Freire
1970 – Novela *Irmãos coragem*, de Janete Clair, TV Globo
1971 – Filme *A hora do diabo*, de Carlos Augusto Calil
1971 – Filme *O capitão Bandeira contra o dr. Moura Brasil*, de Antonio Calmon
1972 – Novela *Selva de pedra*, de Janete Clair, TV Globo
1972 – Programas *Somos todos do jardim da infância* e *Giovanni, o açougueiro*, de Domingos Oliveira, TV Globo
1972 – Programa *Vila Sésamo*, TV Globo e TV Cultura
1972 – Troféu Helena Silveira de Revelação Feminina (*Vila Sésamo*)
1973 – Filme *Mestiça, a escrava indomável*, de Lenita Perroy
1974 – Programa *Caminhos do coração*, de Domingos Oliveira, TV Globo
1974 – Novela *Fogo sobre terra*, de Janete Clair, TV Globo
1974 – Peça *A teoria na prática é outra*, de Antônio Pedro Borges
1975 – Filme *O casal*, de Daniel Filho
1975 – Novela *Gabriela*, de Walter George Durst, TV Globo
1976 – Filme *Dona Flor e seus dois maridos*, de Bruno Barreto
1976 – Novela *Saramandaia*, de Dias Gomes, TV Globo
1976 – Gravação da música "Sou o estopim", de Antônio Barros
1976 – Campanha margarina Flor
1977 – Novela *Espelho mágico*, de Lauro César Muniz, TV Globo
1977 – Campanha lançamento Fiat Brasil
1978 – Filme *A dama do lotação*, de Neville D'Almeida
1978 – Novela *Dancin' days*, de Gilberto Braga, TV Globo
1978 – Campanha óculos Camargue
1979 – Peça *No país dos prequetés*, de José Roberto Mendes
1980 – Novela *Chega mais*, de Carlos Eduardo Novaes, TV Globo
1981 – Filme *Eu te amo*, de Arnaldo Jabor
1981 – Indicação Prêmio Bafta (*Dona Flor e seus dois maridos*)
1981 – Prêmio Kikito de Melhor Atriz (*Eu te amo*)
1982 – Livro *Sonia Braga*, de Antonio Guerreiro
1983 – Filme *Gabriela, cravo e canela*, de Bruno Barreto
1985 – Filme *O beijo da Mulher Aranha*, de Hector Babenco
1985 – Filme *Patriamada*, de Tizuka Yamasaki
1986 – Indicação Prêmio Globo de Ouro (*O beijo da Mulher Aranha*)
1986 – Participação no júri do Festival de Cannes
1986 – Série *The Cosby Show*, episódios *Mrs. Westlake* e *An early spring*, de Bill Cosby, NBC
1986 – Campanha óculos l.a.Eyeworks
1986 – Documentário *Women of the world: women of intrigue*, de Sandra Carter
1987 – Apresentação do Oscar de Melhor Curta-metragem
1987 – Filme *Mil elos: o preço da liberdade*, de Daniel Mann
1987 – Documentário *Antonio brasileiro*, de Roberto Talma
1988 – Filme *Luar sobre Parador*, de Paul Mazursky
1988 – Filme *Rebelião em Milagro*, de Robert Redford
1988 – Campanha sabonete Lux Luxo
1989 – Indicação Prêmio Globo de Ouro (*Luar sobre Parador*)
1990 – Filme *Rookie, um profissional do perigo*, de Clint Eastwood
1990 – Documentário *Clint, The Rookie and me*, de John Pattyson
1991 – Filme *A última prostituta*, de Lou Antonio
1991 – Campanha cartão American Express
1992 – Série *Contos da Cripta*, episódio *Isto matará você*, HBO
1993 – Filme *A volta*, de Robert M. Young
1994 – Filme *Amazônia em chamas*, de John Frankenheimer
1995 – Filme *Felizes para sempre: contos para todas as crianças*, episódio Cinderela, de Anthony Bell
1995 – Filme *Moisés*, direção Roger Young
1995 – Filme *Morte dupla*, de Nicolas Roeg
1995 – Indicação prêmios Globo de Ouro e Emmy (*Amazônia em chamas*)
1995 – Série *Laredo: o último desafio*, de Joseph Sargent, CBS
1996 – Filme *Tieta do Agreste*, de Cacá Diegues
1996 – Campanha postos de gasolina BR
1996 – Campanha sabão em pó Odd Fases
1996 – Campanha ação social Loucos Varridos
1998 – Filme *Os jogadores*, de Frank D. Gilroy
1998 – Série *A will of their own*, de Karen Arthur, NBC
1998 – Série *Four corners*, de David Jacobs, CBS
1999 – Filme *Um drink no inferno 3: a filha do carrasco*, de P. J. Pesce
1999 – Novela *Força de um desejo*, de Gilberto Braga e Alcides Nogueira, TV Globo
2000 – Série *Family law*, episódio *Ecos*, de Paul Haggis, CBS
2001 – Filme *Memórias póstumas*, de André Klotzel
2001 – Filme *Olhar de anjo*, de Luis Mandoki
2001 – Filme *Perfume*, de Michael Rymer
2001 – Prêmio Kikito de Melhor Atriz Coadjuvante (*Memórias póstumas*)
2001 – Série *O juiz*, 1º episódio, de Mick Garris, WBNS-TV
2002 – Filme *Império*, de Franc. Reyes
2002 – Série *American family*, de Gregory Nava, PBS
2002 – Série *George Lopez*, 15º episódio, de George Lopez, ABC
2003 – Série *Lei & ordem*, episódio *Gênio*, de Dick Wolf, NBC
2003 – Série *O que está acontecendo?*, episódio *Educação de meninas na Índia*, de Allison Prince, RCN
2003 – Série *Sex and the city*, 4ª temporada, de Darren Star, HBO
2003 – Filme *Testosterone*, de David Moreton
2004 – Filme *Amália traída*, de Francesco Vezzoli
2004 – Filme *Scene stealers*, de Craig Mowry
2005 – Série *Alias: codinome perigo*, de J. J. Abrams, ABC
2005 – Filme *Baila comigo*, de Randall Miller
2005 – Filme *Che Guevara*, de Josh Evans
2005 – Série *CSI Miami*, de Anthony E. Zuiker e Ann Donahue, CBS
2005 – Série *Ghost Whisperer*, episódio *Shadow boxer*, de John Gray, CBS
2006 – Filme *Sea of dreams*, de José Pepe Bojórquez
2006 – Filme *Um amor jovem*, de Ethan Hawke
2006 – Novela *Páginas da vida*, de Manoel Carlos, TV Globo
2007 – Filme *Cidade do silêncio*, de Gregory Nava
2007 – Série *Donas de casa desesperadas*, de Fabio Barreto, Rede TV!
2009 – Livro *Casa No Name*, de Deborah Turbeville
2010 – Filme *Lope*, de Andrucha Waddington
2010 – Filme *Matemática do amor*, de Marilyn Agrelo
2010 – Série *As cariocas: a adúltera da Urca*, de Daniel Filho, TV Globo
2010 – Série *Brothers & sisters*, 5ª temporada, de Jon Robin Baitz, ABC
2011 – Série *Tapas e beijos*, de Cláudio Paiva, TV Globo
2012 – Filme *Feijoada completa*, de Angelo Defanti
2012 – Filme *Mundo invisível: Kreuko*, de Beto Brant e Cisco Vasques
2013 – Filme *Mamãe casamenteira*, de Patricia Cardoso
2013 – Filme *The ordained*, de R. J. Cutler, CBS
2013 – Filme *Vinho de verão*, de Maria Matteoli
2013 – Calendário Pirelli
2014 – Filme *Emoticon ;)*, de Livia De Paolis
2014 – Prêmio Platino de Honra
2014 – Série *Armazém 13*, episódio *Sedução selvagem*, de Jack Kenny, Syfy
2014 – Série *Royal pains*, 6ª temporada, de Andrew Lenchewski e John P. Rogers, USA Network
2015 – Filme *The curse of the Fuentes women*, de Jason Ensler
2016 – Filme *Aquarius*, de Kleber Mendonça Filho
2016 – Prêmios de Melhor Atriz nos festivais de Biarritz, Mar del Plata, Lima e Havana (*Aquarius*)
2016 – Prêmio Fênix de Melhor Atriz (*Aquarius*)
2016 – Série *Luke Cage*, 1ª temporada, de Cheo Hodari Coker, Marvel e ABC
2016 – Troféu Oscarito do Festival de Gramado
2017 – Filme *Extraordinário*, de Stephen Chbosky
2017 – Prêmio Platino de Melhor Atriz (*Aquarius*)
2017 – Série *Las reinas*, de Dean Georgaris e Chris Brancato, ABC
2019 – Filme *Bacurau*, de Kleber Mendonça Filho e Juliano Dornelles
2019 – Filme *Ninguém brinca com Jesus Quintana*, de John Turturro
2019 – Documentário *Raul Julia: o mundo é um palco*, de Ben DeJesus
2020 – Filme *Fátima: a história de um milagre*, de Marco Pontecorvo
2020 – Documentário *Bacurau no mapa*, de Kleber Mendonça Filho
2020 – Nome na lista dos 25 melhores artistas de cinema do século XXI do *New York Times*, pela atuação nos filmes *Aquarius* (2016) e *Bacurau* (2019)
2023 – Filme *Casamento armado*, de Jason Moore

SERVIÇO SOCIAL DO COMÉRCIO
Administração Regional no Estado de São Paulo

Presidente do Conselho Regional
Abram Szajman
Diretor Regional
Danilo Santos de Miranda

Conselho Editorial
Ivan Giannini
Joel Naimayer Padula
Luiz Deoclécio Massaro Galina
Sérgio José Battistelli

Edições Sesc São Paulo
Gerente Iã Paulo Ribeiro
Gerente adjunta Isabel M. M. Alexandre
Coordenação editorial Francis Manzoni, Clívia Ramiro, Cristianne Lameirinha, Jefferson Alves de Lima
Produção editorial Maria Elaine Andreoti
Coordenação gráfica Katia Verissimo
Produção gráfica Fabio Pinotti, Ricardo Kawazu
Coordenação de comunicação Bruna Zarnoviec Daniel

GOVERNO DO ESTADO DE PERNAMBUCO
Governador do Estado Paulo Henrique Saraiva Câmara
Vice-Governadora Luciana Barbosa de Oliveira Santos
Secretário da Casa Civil José Francisco de Melo Cavalcanti Neto

COMPANHIA EDITORA DE PERNAMBUCO
Presidente Ricardo Leitão
Diretor de Produção e Edição Ricardo Melo
Diretor Administrativo e Financeiro Braulio Mendonça Meneses

Superintendência de Produção Editorial Luiz Arrais
Superintendência de Produção Gráfica Júlio Gonçalves

Editor Diogo Guedes
Editoras assistentes Gianni Gianni, Mariza Pontes
Produção gráfica Joselma Firmino

Organização, Pesquisa, Edição e Design Augusto Lins Soares
Textos biográficos Melina Dalboni
Produção executiva Maria Braga
Acervo Sonia Braga João Rocha
Tratamento de imagem Denis Santos
Preparação de texto Elba Elisa Oliveira
Revisão de texto Maria Elaine Andreoti
Impressão Companhia Editora de Pernambuco – Cepe
Fotos de capa e contracapa Lew Parrella/Acervo do Centro de Pesquisa do Masp e Sonia Braga

Dados Internacionais de Catalogação na Publicação (CIP)

S6989
Sonia em fotobiografia / Organizador: Augusto Lins Soares. – São Paulo: Edições Sesc São Paulo; Cepe Editora, 2022. – 256 p. il.: fotografias; croquis.

ISBN Edições Sesc: 978-85-9493-232-7
ISBN Cepe Editora: 978-65-5439-026-2

1. Fotobiografia. 2. Sonia Braga. 4. Atriz. 3. Carreira. Título. II. Soares, Augusto Lins.

CDD 927.81

Ficha catalográfica elaborada por Maria Delcina Feitosa CRB/8-6187

Companhia Editora de Pernambuco – Cepe
Rua Coelho Leite, 530 – Santo Amaro
50100-140 – Recife, PE, Brasil
Tel.: 55 81 3183-2700
cepe.com.br

Edições Sesc São Paulo
Rua Serra da Bocaina, 570 – 11º andar
03174-000 – São Paulo, SP, Brasil
Tel.: 55 11 2607-9400
edicoes@sescsp.org.br
sescsp.org.br/edicoes
/edicoessescsp

Agradecimentos

Academy Museum of Motion Pictures
Adriana Degreas
Agliberto Lima
Alcir Navarro da Silva
Alice Granato
Ana Chafir
Ana Patrícia Vaz Manso
Andrea Blanch
Armando Artoni
Bob Wolfenson
Cacá Diegues
Caetano Veloso
Cinemascópio/Emilie Lesclaux
Copyrights
Cris Veit
Daniel Gomez
Daniel Klajmic
Daniel Marano
Daniel Pfeffer
Derly Marques
Edison Vara
Fabio Cabral
Flora Gil
Francesco Vezzoli
Gianni Minà
Greg Gorman
Harry e Gigi Benson
HB Filmes
Helena Ignez
Helio de Sousa
Henrique Gendre
Ignacio Aronovich
Instituto Casa Roberto Marinho
JC Volotão
Jean Pagliuso
Jorge Bizzi
J.R.Duran
Julian Fernandez
Karen Gault
Kino Lorber
Kurt e Maria Markus
l.a.Eyeworks/Brent Zerger
LC Barreto
Le Cercle Noir/Fidelio
Luciana Avellar
Luiz Ribeiro
Luiz Zerbini
Marco e Francesca Glaviano
Masp/Bruno Esteves
Max De Tomassi
Michael Van Horne
Michel Comte e Suzanne Speich
Mídia Ninja
Miro
Monica Weinberg
Murilllo Meirelles
Narciso Rodriguez
Nei Cruz
Orias Elias
Patrícia Lee
Patrícia Zaidan
Paris Filmes
Paula Lavigne
Paulo e Rafaela Garcez
Paulo Jabur
Paulo Vainer
Pedro Martinelli
Pedro Martins
Picturehouse
Pirelli/Rubia Sammarco
Raul Teixeira
Robert Schwenck
Rodrigo Oliveira
Ruy Teixeira
Sebastião Barbosa
Solange Bernabó
Steven Meisel
Vera Bungarten
Verúcio Ferraz
Vicente de Paulo
Victor Jucá
Vinil Records
Vitrine Filmes
Ziraldo

Agradecimento especial
Mario Canivello

Todos os esforços foram realizados para obtermos a permissão dos detentores legais dos direitos de imagens deste livro. Caso recebamos informações complementares, elas serão devidamente creditadas na próxima edição.

Fonte DIN
Papel Couché fosco 150 g/m²
Impressão Companhia Editora de Pernambuco – Cepe
Data Dezembro de 2022
Tiragem 3.000 exemplares